사랑은
좋아하는 색깔로
둔갑하여 가와
나를 훔쳐가는거야

성 진 숙 제3시집

시인의 말

1994년 시인이라는 이름표를 달고 십년 만에 첫 시집 '이 조용한 시간에'를 세상에 선을 보였다. 그 땐 설레임뿐이었다. 그리고 5년의 공백을 깨고 두 번째 시집 '아침의 반란'을 내놓았었다. 욕심을 부린 내가 뻔뻔스럽다며 미숙아를 낳고 어떻게 감당해야 할지를 걱정 했었다.
그 후.
시간은 나를 위해 잠시의 쉼을 허용할 틈도 없이 흘렀다.
쓰지 않고는 견딜 수 없는 삶의 이야기들이 해산날을 예고하듯 성급하게 편집을 서둘렀다. 강산이 변할 수 있는 날들 속에 많은 일들이 흔적과 함께 왔다가 사라지기를 수 번. 아픔과 슬픔도 기쁨과 감사로 승화시킬 수 있는 지혜도 배웠다.
이제 아낌없이 나누어 줄 시간!
치유 할 수 있는 모든 것들이 한편의 시를 통해 이루어 질수 있다면 *바람*
일흔이란 나이는 그냥 먹는 게 아냐
늙어가는 게 아니고 어른이 되어가는 거야.

2025년 여름
성진숙

하나.
77번국도

북천의 가을 _ 15

밥도둑을 만나다 _ 16

몽돌해변에서 _ 17

금강을 품다 _ 20

꽃지해변 _ 21

내가 사랑한 남도 _ 22

덕유산의 봄 _ 23

돌산 갓김치 _ 24

자꾸만 날 부르잖아 _ 25

무녀도 여행 _ 26

절반을 내려놓으니 기회가 왔다 _ 27

십리포 해수욕장 _ 28

도다리쑥국이 뭐길래 _ 29

남도어시장 _ 30

내 맘속의 선유도 _ 31

우포늪에서 _ 32

보길도의 밤 _ 33

팽목항에서 _ 34

77번국도 _ 35

둘.
별과 사랑이 버무려지고

날마다 여행 _ 38
학동몽돌해변에서 _ 39
아름다운 날 _ 40
내장산 불났슈 _ 41
제주바다 _ 42
태왁꽃 _ 43
오월의 적상산 _ 44
창문 없는 찻집 _ 45
가뭄 끝에 용담댐을 지나다 _ 46
금강의 첫걸음 _ 47
서도역 _ 48
점심은 소풍이야 _ 49
김밥싸기 좋은 날 _ 50
삼대째 칼국수 _ 51
방아실 흑돼지 _ 52
온일맘 반일암 _ 53
구천동의 가을 _ 54

셋.
봄이 놀다간 자리

다시 만날 때까지 _ 56
봄이 놀다간 자리 _ 57
아카시아꽃 장아찌 _ 58
플로리다뷰티를 처음 만난날 _ 59
그리운 날 _ 60
유월 _ 61
길을 걷다가 _ 62
봄을 즐기려는데 _ 63
꽃길을 걸어본 적 있나요 _ 64
봄비 내리는 날 초화화 _ 65
개망초꽃 _ 66
수련 _ 67
나 살아있다고! _ 68
꽃밭에서 _ 69
압화 _ 70
단풍나무 퇴출당하다 _ 71
겨울과 봄 사이 _ 72
소금꽃 _ 73

넷.
내 눈엔 너만 보여

우단동자꽃 _ 76

레몬꽃 피다 _ 77

내 눈엔 너만 보여 _ 78

부추꽃 _ 79

오동도 동백꽃 _ 80

난봉옥 꽃피다 _ 82

작살나무 _ 83

게발선인장 _ 84

은방울꽃 _ 85

봄까치꽃 _ 86

광대나물꽃 _ 87

호야꽃 _ 88

들꽃 _ 89

호박꽃이 말했어 _ 90

제비꽃 _ 92

초화화 · 2 _ 93

용담꽃   94

아이리스 _ 95

달맞이꽃 _ 96

내 이름은 자보 _ 97

깽깽이 풀 _ 98

민들레 _ 99

칡꽃 _ 100

다섯.
지금은 축제 중

맨드라미 꽃차 _ 102
순백의 천사 아이리스 _ 103
궁남지 연꽃 _ 104
비 내리는 날 초화화 _ 105
눈꽃으로 다시 피다 _ 106
꽃도라지 _ 107
만약 내가 꽃이라면 날마다 너를 초대 할 거야 _ 108
유월에 만난 그 꽃 _ 109
별꽃 _ 110
꽃 문둥이 _ 111
지금은 축제 중 _ 112
초화화 · 1 _ 114
이팝꽃 _ 115
겨울나무 _ 116
꽃보다 아름다운 날 _ 118
라일락꽃 필 때 _ 119

여섯.
가을 문턱에 서다

아름다운 대화 _ 122
폭염 _ 123
사랑은 행복 순이 아니야 _ 124
말 _ 125
뉴스를 보다가 _ 126
언제나 혼수상태다 _ 127
백화점에서 _ 128
선물 _ 129
이천이십 일 년 _ 130
내안에 _ 131
사랑은 _ 132
거울 앞에서·2 _ 133
어느 날의 일기 _ 134
새벽달 _ 135
詩같은 하루·1 _ 136
우린 영원한 친구야 _ 137
성찬 _ 138
가을 문턱에 서다 _ 139
아침의 반란 _ 140
그대, 그런 아침을 맛보았는가! _ 142
밥 _ 144
비우다 _ 145

일곱.
불현 듯 그리운 날

내 고향 무주 _ 148
잔치국수 _ 149
고수, 고것 참! _ 150
도돌이표 _ 152
꿈 이야기 _ 153
예뻐지기 _ 154
산책길 풍경 _ 155
거울 앞에서·1 _ 156
거울 앞에서·3 _ 157
詩같은 하루·2 _ 158
봄날 _ 159
그믐달 _ 160
파장 _ 161
청춘 _ 162
가을 날 _ 163
묵향 _ 164
가을 아침에 _ 165
지금은 출근 중 _ 166
불현 듯 그리운 날 _ 167

여덟.
설렘은 첫사랑 그대로

커피숍 풍경 _ 170
감사해요 _ 171
가을을 먹다 _ 172
일상의 아침 _ 173
누가 덫을 놓았을까 _ 174
아버지의 출근길 _ 175
씨를 뿌리듯 _ 176
61 병동 607호 _ 177
어른이 되어가는 거야 _ 178
냄새 좋다 _ 179
아버지 _ 180
팔월로 가는 길 _ 181
깜짝 선물 _ 182
김밥사랑 _ 183

평설
순수성이 빚어낸 삶의 탄성(彈性) / 이재숙(시인, 문학평론가) _ 185

하나.

77번국도

77번 국도에 서면
내마음은 언제나 풍선이 되어
더 멀~리
더 높~이
지나온 세월만큼
우리의 사랑은 영글어 가고
오늘도 ....

북천의 가을

굽이치는 골짜기마다 성큼 내려앉은
가을이 행복하다
찰랑이는 억새 갈대숲을 밀쳐놓고
바람난 꽃들의 축제가 한창이다
꽃술에 취한 사람들이 또 추억에 취한다
행여 꽃잎 떨어질까 기적을 울리지 않고
기차가 지나가는 마을
에워싼 등성이마다 툭툭 알밤 터지는 소리
가을날 북천에 가면
바람난 사람들 천지다
살랑 살랑 애교 떠는 꽃들이
사랑을 훔쳐가고

밥도둑을 만나다

신혼의 꿈이 서려있는 그곳에서
밥도둑을 만나다
풋풋한 사랑의 흔적을 더듬으며
다시 찾은 여수오동도
입 다문 동백숲을 거닐며
첫 사랑의 향기를 맡다

〈그 날은 눈이 날렸지
바람도 몹시 불었어
미련 없이 뚝뚝 떨어지는 꽃잎은
발밑에서 웃고 있었지
눈물보다 더 아름다운 모습으로〉

오늘 사랑하는 그이와
나의 분신과
그때, 그 자리에서 밥도둑을 만나다
시큼시큼한 돌산 갓김치랑
짭짤한 꽃게장에 정신없이
'언니! 밥 한 공기 더 주세요!'

몽돌해변에서

얼마만큼 씻겨야
그렇게 되는 거니
얼마나 많이 부딪혀야
이렇게 맨들맨들 하니
부딪히고
씻기고
오늘은 내게 밟히기까지
하얗게 부서지는 파도가
밀려와서 너를 데리고 갈 때
너는 울부짖었지
데구르르 데구르르
나는 왜 그 소리가 그렇게 좋았을까
밀려 갈 때도
밀려올 때도
천상에서 들려오는 사랑노래 같아
쫑긋 귀 기울었지
하루해가 다 가도록 서 있어도
외롭지 않을
학동의 흑진주몽돌
예송리 몽돌
오늘 만난 정자 해변 몽돌
비행기 타고 가서 만난

니스해변의 몽돌
아주 오래 전 몰라서 데려 온
서랍 속에 갇혀있는 몽돌
만지작거릴 때 마다 들려오는
먼 옛날 사랑의 세레나데

금강을 품다

어느 날 문득
금강이 내게로 왔다
길고 긴 꼬리를 나풀거리며
이름 하여 천리 길
왜 천리 길을 가야만 하는지
묻고 대답하기를 십여 년
삶속에 뿌리박힌 서른다섯 해의
매듭을 풀고 나니
저만치 다가온
금강이 보인다
무심코 따라 나선 강줄기
여기저기 사계를 노래하는
자연무도회
금강에 빠진 여자와 남자는
기웃 기웃 기웃거리다
가슴팍이 터지도록
금강을 끌어안고

넌! 나의 생명 줄이야

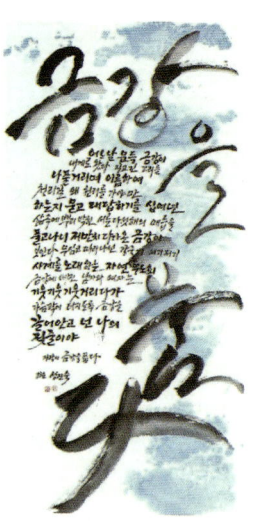

꽃지 해변

바다가 춤을 춘다
코발트색 수평선을 무너뜨리고
거침없이 밀려오는 하얀 물거품
안아보자고 안겨보자며 다가서면
이내 뿌리치고 저만치 달아나
사라지는 하얀꽃
여기는 꽃지 해수욕장
오늘은 노을까지 보자고 작정을 했지
칼바람도 겁나지 않는 해질 녘
석양에 물든 할매 할배 바위
황혼 빛에 찬란한 검푸른 파도는
하루를 불태우듯 노을을 삼키고
철썩 다가왔다 소르라치게 밀려나는
바다를 한없이 바라보다
잠시 머물다갈 인생이
그러 하던 가

아름답다

내가 사랑한 남도

남도의 맛
남도의 멋은
빛 고을에 퍼지는
글맛의 향기여라

하나 77 번국도

덕유산의 봄

덕유산 중봉 가는 길 변덕스런 고산의 풍경이 눈앞에서 춤을 춘다 멀리 높이 풍경을 놓칠세라 바쁘다 찰각찰각 순간 포착에 빼앗긴 마음을 진정시키고 능선을 따라 걷다보니 작은 것들이 들어와 박힌다 눈을 뜨지 못한 꽃쥐손이 활짝 웃고 있는 벌깨덩굴 바위틈에 끼어서 나를 부르는 큰꽃마리 모든 걸 내려놓고 무릎 꿇는 순간 심장이 멎는 줄 알았다 생김보다 이름 때문에 보고 싶었던 그 꽃 처녀치마! 혼기 놓친 처녀인 양 빛바랜 청춘을 고백이라도 하듯 연보라 빛 치마를 봄바람에 펄럭 인다 털썩 주저앉은 엉덩이 사이로 노란 제비꽃이 웃는다 더 낮은 자세로 심호흡하고 찰각! 꽃 보다 아름다운 오월의 끝자락 덕유산에서

돌산 갓김치

여수 돌산 갓김치에서는
바다 냄새가 난다
해풍을 맞아
졸깃졸깃한 줄거리
알싸하게 톡 쏘는
그 맛
하얀 쌀밥에
걸쳐 먹으면 제 맛이지
안 먹고 그냥가면
두고두고 생각나는
게장 말고 손꼽히는
여수 바다 맛

자꾸만 날 부르잖아

하늘과 바다색이 같은 날
구순 노모를 만났다
저만치 밀려가고 뭍이 드러난 거야
그 많던 물들이 다 어디로 가는지 나는 몰라
귀가 어두워 부르는 소리가 안 들려도
달이 뜨고 지는 걸 보면 안 다구
오늘이 그날이야 굽은 허리가 펴지고
잰걸음이 빨라지지
장화신고 호미랑 소쿠리만 있으면 돼
여기가 내 놀이터여
여기서 나서 시집가고 자식공부 다 시키고
평생을 이렇게 살다보니 손꾸락이 굽었어
오늘은 왜 나오셨어요
낼 서울 아들한테 갈라구
자꾸만 날 부르잖아
환하게 웃는 꽃주름사이로 행복이 넘실거린다

무녀도 여행

나갔다 올까
말이 채 끝나기도 전에 운동화 끈을 조였다
잿빛 드리운 하늘을 이고 달리다 보니
고군산군도 비응항
새만금 방조제 시원한 바람을 가르자
신시도 대교가 가로 막는다
걸어가라고
걷기 힘들다고 묻어두었던 무녀도를
통째로 선물 받은 오늘
풀풀 나는 먼지까지도 사랑스럽다
뭍이 되고 싶은 게 아니라고
다리 같은 건 필요 없다고
섬사람들의 속내를 훔쳐들은 적이 있었다
맘 잡고 일 잘하는 총각들 뭍으로 다 갈까봐
뼈를 깎는 고통에도 메마른 눈물
연결된 실핏줄은
아프다 아프다
드러나는 알몸을 감출 수 없어
앓아눕는 바다는
느릿느릿 무녀도를 닮으라한다

절반을 내려놓으니 기회가 왔다

어·디·로 갈까
무·엇·을 타고 갈까
생각에 생각은 꼬리를 물고
기쁨의 촉수가 돋는다
여자·지갑·손전화만 챙기면 된다는
속된말에 동감하며
빈손으로 나섰다
지나온 세월만큼 힘들었던 삶의 무게
초고속 기차에 여정을 풀었다
허전 할 것 같았던 내 마음이
풍선처럼 날아 하늘 높이 더 높이
절반을 내려놓으니 기회가 왔다
눈빛으로 터트리는 고백이
처음 만난 그 때 보다 더 뜨거운 오늘

십리포 해수욕장

망망대해 작은 섬 영흥도에서
십리포 해수욕장 모래들의 잔잔한 말소리가
소사나무 사이로 새어 나온다

파도가 잠 속에 빠진 날에나
뱃길 열어 보자는 듯 귓속말을 주고받는 걸까
변하는 건 시간문제다

고래심줄 보다 질긴 뚝심 믿고 살다보니
제멋대로 휘어져 늘어진 소사나무들이
뒤틀린 몸이 죄다 뭍에 매어 있지 않는 가

소나기 쏟아지던 날
십리포 해수욕장에선 소사나무사이로
모진 바람들 빠져나가고

도다리쑥국이 뭐길래

봄날
남도의 맛이 미각을 간지럽힌다
그렇게 맛있다며
입맛 찾으러 가던 날
매화 향에 취하고 산수유에 붙들려
돌아오기를 몇 해
올봄은 홍원항이다
고삐 풀린 도다리가
경매 끝나기 무섭게 팔려간다
먹어봐야 맛을 알지
팔딱 거리는 도다리 한 상자를
통 크게 사들고 돌아오는 길
도다리쑥국 도다리미역국
도다리구이 도다리.... 도다리...
인터넷 가득한 요리들로
내배는 포화상태
쑥국쑥국 도다리쑥국이 뭐길래
봄마다 열병처럼 앓아야 하는지

남도어시장

스물네 시간도 모자란 듯 꼭두새벽 좌판을 펴고
물간 생선 옷을 벗긴다

사가 보이소, 맛이 그만 입니더!
들은 체도 않고 몇 걸음 떼다보니
팔딱거리며 휘젓고 다니는 바다 것들
발걸음 멈춰 놓고 유희를 한다

세월만큼 깊게 패인 도마의 칼자국
굳은살 손마디 굽은 허리 주름 속에 출렁이는
바다는 알기나 할까
꿈도 사랑도 청춘마저 재물로 바쳐온
삼복 땡볕 익은 팔월
남도 어시장 후미진 곳 일그러진 좌판에 놓고
생선 옷 벗기며
녹음테이프처럼 흘러내리는 말
사가이소, 쪼매 사가이소!

코를 찌르는 비린내 사이로
아까 본 바다 것들이 자꾸만 눈에 밟힌다

내 맘속의 선유도

꿈속을 엿보니 섬이 뛰놀고 있더라
아름다운 이름 선유도
말은 잘 못해도
예닐곱 살 또래들이 마냥 수작을 걸더라

풋사랑 열매 말긋말긋 익어가는 딸애가
손 흔들며 달려와 안기듯
파도를 가득 품어도 보았지만
옥빛 휘감다 내치는 물살에 베어
내 마음 하얀 피를 흘리고
억만 년 인연을 뿌리칠 수 없어
주머니 속에 가두고 오니 집에 까지 따라오며
구시렁거리는 선유도 조약돌 몇
고것들 참 웃기더라

우포늪에서

또순여사 사진 속의 우포늪은
봄 향연이 초절정이다
일만 오천 년 전에 갓 부화한 생명들의 둥지가
나를 잡고 놓아주지 않는다

갈대 울음소리 서걱거리는 가을 날
찾아간 우포늪
청록 융단을 넘나드는 쇠물닭 논병아리 떼는
주둥이를 올렸다 내렸다
디지털카메라 줌 화면 속에서 숨바꼭질을 한다

우리 난 카페의 가시연꽃은
운동장 많아 잎을 찢어놓고 봄을 기다린다
천연기념물 노랑부리저어새 큰고니는
보란 듯 한발로 모델을 선다

자급자족 공생
그 얼마나 아름다운 경이로움인가
인연의 끈 매듭 풀어주는 우포늪에서
태초의 인간 아담과 하와를 만난다
자연이 그리는 그림을 보며
일만 오천 년 전의 이야기를 듣고 있다

보길도의 밤

밀려왔다 밀려가는
그리움 하나
조약돌이 합창 한다
어둠을 침묵으로 감싸 안은
바다
유유히 떠있는 조각배
그림이다
내 사랑하는 사람은
찰싹거리는 파도가 되어
날 부르고
난 바다위에 반짝이는 별이 되었다
한웅큼 사랑을 싣고
밤 깊은 보길도에서

팽목항에서

하도 작아서 평생 모르고 살 뻔 했는데
유명세를 그렇게 치루는 통에
바닷물보다 눈물이 더 많은 팽목항
그 많은 별들을 쏟아 붓고
잠이 오더냐고
밥이 먹히더냐고

바다는 변한 게 없었다
밀려왔다 밀려가는 파도의 속삭임 뿐
비와 함께 찾아온 팽목항
더 슬프다
빠른 속도로 항해하는 배 위에서
행여
울부짖는 그 소리 들릴까
자꾸만 바다 속을 들여다 본 다
무슨 일이냐고 반문하는 바다는
하얀 피만 토할 뿐
잔잔하다

지금 나는 조도로 가는 중이다
모두가 외면한 작은섬 조도에
아름다운 사랑을 심으러 간다

77번국도

바다를 따라 리듬을 탄다
산모롱이 휘돌아 춤추는 바람
아름다운 길 77번국도

장흥 천관산 갈대밭 강진 여수 돌산대교 게장 사천 연육교 돌문어 상주 은모래해수욕장 통영 달아공원 해넘이 새만큼 33킬로 비응항 부안 솔섬 고흥 소록도 사슴나라 사람들 외나로도 우주센터 남열 해수욕장의 해송 완도 노화도 보길도 예송리 해수욕장 거제도 몽돌 영광 법성포 굴비 보성 녹차 순천만 갈대밭 짱뚱어탕 낙동강 하구둑 북천의 가을 바람난 들꽃들

시인의 노래 향연은 끝이 없다
짭조름한 바다의 살냄새
향수에 젖어든 고향냄새
77번 국도에 서면
몽글몽글 피어나는 사랑이
은하의 별처럼 깔려 있다

싱

둘.

별과 사랑이 버무려지고

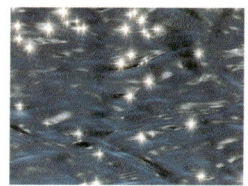

날마다 여행

여행이 별거냐고
집나오면 여행이지
목적지 없으면 어때
멈추면 쉼터 인 걸
해안길 따라 바다를 안고
가파른 산길 따라 삶의 여정을 배우며
길 위의 방랑자가 되어도 보고
길고긴 꼬리 물고 맛집도 가고
밤하늘 바라보며
별도 달도 다 따놓고
사랑꽃도 피우고
감사하며 사는 우리
오늘도 여행이야

학동몽돌해변에서

좋다 좋으다 사랑하는 사람과 있으니 파도에 밀려 굴러왔다 데구르르 밀려가는 몽돌의 합창 들어주는 사람 없어도 철썩철썩 또르르 또르르 울컥 가슴이 벅차오르는 봄날 추억속에 빠져 허우적거리고 있다 한쌍의 젊은 커플이 다가오더니 물수제비를 뜬다 봄볕이 녹아내리는 정오를 좀 지난시간 이대로 몽돌이 되어 나도 바다울음을 울고 싶다 시리도록 파란 하늘을 이고 쪽빛 이불을 덮고 그리운 만큼 사랑하는 만큼 노래하고 싶다 내가 사랑하는 사람은 지금 바다햇살을 온몸으로 받으며 몽돌침대 위에 누워 꿈을 꾸고 있다 쉴 새 없이 밀려왔다 밀려가는 몽돌의 합창을 듣고 있는지 묶어 두고만 싶은 바다의 시간 내 안에 묻어두고 싶은 해변의 풍경 따라오지 말라 했는데 주머니 속에 몰래 안겨 만지작만지작 반들반들 닳고 닳은 바다 이야기들 술술 끝이 없구나

아름다운 날

산허리에 내려앉은 가을이
눈부시게 아름다운 날
내 마음도 알록달록
부르는 바람소리에 휘말려 집을 나섰다
줄을 서야 맛보는 봉이 호떡 떡가래
하늘물빛정원 호수에 빠진 낮달
물구나무 선 가을산은 꿀렁꿀렁
파문에 흔들리고
사람들로 덧칠한 덕유산 가는 길
그림 좋은 찻집에 발목 잡힌 연인들
산 그림자 짙어지는 저녁
석양에 물든 우리는 갈빛에 젖어
화석이 되었다

내장산에 불났슈

가을비가 자지러지게 내리던 날
새벽부터 타오르는 불
부랴부랴 어둠속을 달렸다
머리에서 발끝까지 불을 안고
불타는 내장산으로
비에 젖어 발그레한 애기단풍
교수님 말씀을 뒤로한 채
온 몸을 뒤틀며
불이야 불
산허리에 다다르자
활활 타오르는 불꽃 속에
같이 타는
갈수록 타는 가슴
불타는 산
불이야

제주바다

먹구름을 재끼고
석양을 태우는 불덩이
너는 아름다운 밤이라 했다
나는 불타는 밤이라 했다
별과 사랑이 버무려지고
추억으로 가는
신기루

태왁꽃

제주 바다엔
무시로 꽃이 핀다
바람 불면 바람꽃
노을 지면 노을꽃
하늘마저 울다 웃으면 무지개꽃
이 꽃 저 꽃 다 예쁘지만
해녀 할망 물질할 때 태왁꽃
한도 많고 설음 많아 붉게 피는 꽃
꽃 중의 꽃이어라

오월의 적상산

나를 유혹하는 건
초록침실
상큼한 바람 한 점 부려
신혼의 꿈이다
초록융단 위를 구르는
오월의 신부
초록 가득가득
피어나는 꿈
오월의 적상산(赤裳山)은
더 푸르다

창문 없는 찻집

꼭두새벽에 잠이 깼다
종종 이런 날들이 많은 걸 보니
나이를 거저먹는 게 아니었어
기왕 나왔으니 여기도 가보자
해안선 따라 구불구불
잡힐 듯 한 바다를 옆에 끼고 있으니
첫사랑이 생각난다
창 넓은 찻집에서 수줍게
마주했던 신혼여행
함께 라서 행복했던 지난날
오늘은 바다가 통째로 보이는
창문 없는 해변의 찻집에서
내 사랑 듬뿍 담아 짠!

가뭄 끝에 용담댐을 지나다

용담댐을 지나고 있다
수몰민이 살던 동네와 골목길이
약속이라도 한 듯
항거하며 드러났다
버스가 지나던 길
피와 땀방울이 적셔 있던 논밭
사랑꽃 피어나던 집터
텃밭
그리고 동네어귀 둥구나무 서 있던
옆으로
재잘재잘 아이들 웃음소리
달구지 지나가는 소리
기다림에 지친 노모의 한숨소리가
오장육부를 드러내며
난해하게 웃고 있다

금강의 첫걸음

하 많은 산과 들을 재껴두고
선택받은 곳 신무산자락
가슴을 활짝 열어
큰 숨을 들이쉬더니
실핏줄이 터졌다
뜬·봉·샘
여기서 출발이야
행여 스며들까 작은 물줄기
강태등골을 지나
살포시 미끄러져 수줍은 듯
실 눈 뜨고 쉴 새 없이
외로운 사투
물·뿌·랭·이·마을 쉬어가세
흐르고 흘러 1.5km
처음만난 친구들과 살을 마주대고
천리길 여정에 올랐구나

*강태등골-뜬봇샘에서 나온 물이 첫 실개천을 이루는 곳을 뜻함

서도역

기다려도
기다려도
기차가 오지 않는다
역무원도 마실 나가고
텅 빈 서도역
숨죽여 눈감으니
단칸방만한 대합실에
열아홉 효원의 꽃청춘이 쉬어가고
철길 따라 유학 가던 강모의 꿈이
재잘재잘
그때, 그 이야기로 소란하다
모두 다 가고 없어도
기차가 오지 않아도
혼불로 남아
가슴 뛰게 하는
아름다운 서도역

점심은 소풍이야

가을볕 머금은 구절초가
꽃밭 가장자리에서
무리지어 웃는다
오늘 점심은 소풍이야
꽃 한송이 접시위에 띄워놓고
마음 담아 사랑담아
창밖 기웃거리는
구름 한 점 들여놓고
도란도란
퍼 올리는 풋사랑, 행여
조잘대는 참새가 들을까봐
귓속말로
너무 좋아

김밥싸기 좋은 날

겨울을 먹고 자란 시금치
식자재코너에서 기다린 단무지와 햄
냉장고 구석 불 밝히는 달걀들
사랑담아 날아온 서천김
둘이 걷던 산골짜기 양지바른 곳
널 만난 건 기쁨이야
납작 엎드려 겸손하게
홍조 띤 네 얼굴은 저장해야 해 찰칵
그때 데려가 달라고 애원했었지
김밥 꽃 피는
오늘은 김밥 싸기 좋은 날

삼대째 칼국수

대전역 뒷골목 정동네거리
허름한 간판
삼대째 전통 칼국수 집
늘 변함없는 줌마 할머니
그 반찬 그대로
그 맛 그대로
서민들의 주머니 속사정
다 아는 듯
국수가닥 더 얹었다며 쌩긋
오늘도 한 끼 맛나게
구수한 하루가 간다

방아실 흑돼지

방아실 흑돼지는 토종이다
살보다 비계가 더 많은
맛있는 토종이다
숯불향 덧입고
노릇노릇 왕소금구이
묵은 김치 보쌈에
증조부 얘기까지 풀어놓는
확실한 토종이다

운일암 반일암

구름 반 바위반이라 했다
개울 옆 넓은 바위에 누워
산 사이 빼꼼한 하늘을 보니
우리 동네 하늘보다
곱절은 더 높아 보이더라
빽빽한 나무 숲
자리 깔고 누우니
초록 이불 하도 넓어
보이는 건 내 꿈
새소리가 나를 반긴다
청량한 공기 한웅큼 들이키고
물 좋은 자판기 커피
연거푸 두 잔씩
맞아 이 맛이지

구천동의 가을

오라고
오라고 손짓하네
불타는 숲 뜨거운 가슴 열어젖히고

참는 것이 아파서 아파하는 사랑
혼자 태우는 가슴 어찌 할 수 없어
허리 휘감고 뒹구는 산
온 몸이 무너지는 살빛
속 앓는 젊음 어찌 할 수 없어
소유할 수 있는 것들
이제 흔적을 지우고

가야 할 길을 찾아
만삭의 몸으로 신음하는 산
구천동의 가을

셋.

봄이 놀다 간 자리

다시 만날 때까지

둘이서 걸었습니다
봄을 지나 여름으로 가는
산책길
요리조리 꾸며놓은 정원은 자연을 닮아
숲으로 잔디밭으로
야생화 동산으로
짧디짧은 대숲을 지나
덩굴 숲으로 가려는데
샛노란 벌 노랑이가 발목을 잡네요
예쁘기도 해라
행여 못보고 지나칠까
다시 만나자는 약속으로
눈도장 콕 찍었답니다

봄이 놀다간 자리

어느 날 문득 다가와
네가 놀다간 자리
꿀렁꿀렁 바스라지는 소리에
눈 뜬 버들강아지
오늘은 좀 더 놀다가자며
살며시 바람 한 점 부려놓고
시치미 뚝
가지 끝에 솟아나는 연초록 물결
너 놀다간 자리마다
들꽃들의 속삭임
설레는 내 마음

아카시아꽃 장아찌

온몸으로 향기를 맡으며 꽃길을 걸었지
우연히 만난 그 길에서
철보다 늦은 너를 보았어
콕 찍어놓고 기다림
몇 날 며칠을 행여 잊을까
그날은 데이트하기 좋은날
정신없이 꽃송이를 따서 모았지
꾹꾹 누른 봉지가 터지도록
꽃보다 예쁜 사람이 꽃을 꺾었네
집안 가득가득 아카시아꽃 향기로 물들이고
장아찌 담그기 나만의 비법으로
폭염으로 찌든 2024년 팔월
끼니마다 오르는 아카시아꽃 장아찌
향기에 취하고 맛에 취해
추억을 먹는 행복한 시간
수육이랑 삶은 달걀위에도 얹어
궁합이 참 좋구나

플로리다 뷰티를 처음 만난 날

넌 돌쇠라는 별명이 붙었구나
그게 맘에 들었어
어디서든 잘 적응한다는 뜻이잖아
흡사 나와 비슷하네
난 모두를 받아드릴 수 있는
준비가 되어있는 스폰지라고 하거든
너의 새잎이 나오는 걸 보고 반했지
경이로웠어
어쩜 그리도 멋지게 움트는 것인지
그런데 네 잎은 반전이잖아
사랑해 달라는 그 말 잊지 않을께
플로리다 뷰티

그리운 날

하늘이 유난히 예쁜 날
해거름이 짙어질 무렵까지
그이는 텃밭 나는 꽃밭
영양제는 텃밭을 물들이고
잡초라는 별명으로 뽑혀나간
괭이밥 개미자리 솔이끼
미안하다미안하다
미안하다
손톱 밑 흙을 털기도 전
깔깔대는 작은 공주님들
깽깽이풀 장구채 골무꽃 긴산꼬리풀
네가 있었다면
오늘도 삼겹살을 구웠겠지

유월

개망초꽃 흐드러지게 피었구나
접시꽃 당신도 피고
황금색 꽃 바다 지천으로 널려 있는 금계국
눈길 닿는 곳마다 꽃들은 피고지고
유월이네
아휴 찐빵냄새야
고개 돌려 창밖을 보니 밤꽃 흐드러진
공주 지나 부여가 는 길
앉은뱅이 풀꽃도 벌떡 일어나
웃음 참지 못하는
밤나무 숲

유월 중간쯤

길을 걷다가

길을 걷다가 나무를 보았습니다
언제나 웃고 서 있는 모습이
당신을 닮았습니다
희망입니다

풀잎에 맺힌 이슬방울도 보았습니다
반짝이는 모습이 첫사랑 느낌입니다
아름다웠습니다

개미를 보았습니다
분주한 움직임
그것은 우리들의 자화상이었습니다

길을 걷다가 바람소리를 들었습니다
당신의 음성 같았습니다
답답한 가슴을 비우라 외칩니다
사랑하라 말합니다

셋 봄이 놀다간 자리

봄을 즐기려는데

은행나무가 눈을 떴다
대추나무 가지에 새순이 돋았다
안에서 봄이 꿈틀 거린다
이천 이십년 봄
바람난 꽃들이 수작을 부렸다
 나와요
　나와 봐요
　　나 좀 봐 주세요
간절한 호소가 세미한 바람을 타고
나를 흔들었다
슬로시티 증도 1004의 섬 신안
아름다운 바다와 꽃이 그려내는 수채화
마음 좀 가다듬고 봄을 즐기려는데
그날
천만송이의 튤립 꽃의 목이 잘렸다
코로나19
슬퍼할 겨를도 없이
문 두드리는 여름

꽃길을 걸어본 적 있나요

꽃길을 걸어보았나요
기분이 어땠나요
슬픈 날 꽃길을 걸어보았나요
누가 떠올랐나요
비가 내리는 날 꽃길을 걸어보았나요
누구와 함께 걸었나요
깜깜한 밤 들꽃 길을 걸어보았나요
눈 내리는 겨울날 눈꽃 길을
홀로 걸어 보았나요
그때 거기서 누가 생각났나요
그 사람이 보고 싶긴했나요
지금 꽃길을 걸어보아요
그 사랑
그 사람
거기에 있는지

봄비 내리는 날 초화화

봄비 내리는 날
이렇게 피었다 진다
하늘 한 번 못 보고
잘못도 없는데
고개 들지 못하고 눈물 만
뚝
뚝뚝
뚝
봄비 내리는 날 초화화

개망초꽃

농익은 봄날
흐드러지게 핀 꽃
눈이 내려 쌓인 듯
소금을 뿌려놓은 듯
유월의 아픔과 혼을 달래며
초록이 일렁이는 들판 가득
계란부침 해 놓고
화해
가까이 있는 사람을 행복하게
멀리 있는 사람은 가까이 다가오게
꽃말도 아름다워라

수련

싱그러운 아침
꽃대궁 길게 뻗어 방긋
시작되는 하루
예쁘다는 그 말
꽃잎 바스러질까
사르르
노을 빛 친구삼아
꿈꾸는 너

나 살아있다고!

꽃 한 송이를 꺾었다
노란 방석을 빙 둘러선 꽃잎들이
하늘하늘 춤을 춘다
그때 생명체가
재빠르게 움직였다
누구야? 물어볼 겨를도 없이
분명 살아있음
그냥 점 같은 것이
먼지처럼 사라졌다
허우대 멀쩡한 내가 놀라
꽃~~멍~~~~~
경이롭다

꽃밭에서

햇살이 재잘거리는 날은
아침이 일찍 온다
그리운 소식 있어
찾아간 꽃밭
불쑥불쑥 기지개켜며 일어나는
봄의 향연
눈곱만한 것들이 자리를 먼저 펴고
이름을 불러 달라 한다
넌 잡초야 뽑아야해
내 얼굴 알잖아요
나도 알잖아요
여기저기서 데모하듯 엉덩이를 들썩이며
노란물 빨간물을 터뜨린다
괭이밥 돌나물 개불알꽃 누운주름잎
지천으로 널려 나를 유혹하던
들꽃!
요걸 어째?

압화

봄비가 지나간
사월 스무날
시리도록 하늘이 예쁘다
뽀송뽀송해진 나뭇가지마다
잉태한 생명들이 눈 크게 뜨고
날 보라 한다
어린 시절 즐겨하던 꽃 누르기
환갑나이에도 버리지 못한 손버릇이
보기에도 아까운 꽃을 꺾어버렸다
'미안해
미~안~하다~구!'
오늘은
매발톱꽃 제비꽃
라일락꽃까지
꾹꾹 눌러 책갈피에 끼웠다
사랑은 아픈 거야

단풍나무 퇴출당하다

"안돼요!"

옥상의 텃밭지기 단풍나무 뽑히던 날
바짝 붙어 태어난 애기동자꽃이 비명을 지른다
이름값 못해 퇴출당하는 단풍나무
몸값 자랑하는 블루베리가 둥지를 틀었다
생사의 문제라 작은 꽃들도 심장이 빠르게 뛴다
아무 일 없다는 듯 봄볕을 즐기는 여린 잎들
지뢰밭인양 부들부들 떠는 발을 못 딛고
엉덩방아를 찧는 누구 참 우습다
귀하신 뻐꾹나리의 목이 휘어지고
야생화 꽃밭에 태풍이 불었다
토막 난 단풍나무가 여린 잎을 흔든다
아가손바닥만한 잎이 자꾸만 입맞춤을 종용한다
봄볕에 달아오른 매발톱꽃이 웃음을 터뜨린 날

겨울과 봄 사이

엄동을 칼바람 맞으며 내내 서 있었지
몸은 설한인데 마음은 벌써 봄이야
발 동동 구르지 않아도 되었지

해산의 통증이 가빠오는 시간의 틈을 찢고
양수 터져 나오고
성급한 연초록 문 밖으로 머리부터 내 밀었지
삐죽삐죽 비집고 나오면서 배우지 않은 말부터
지껄이는 거야
여기, 봄이 와 있지 않아?

여린 바람결에도 손끝이 파르르 떨리는
나이테보다 많이 키워온 꿈들을
이제 피울 수 있을까 가슴이 두근거렸지
사람들 마음속에 하나하나
제 이름을 미리 새겨두면서

소금꽃

미풍에도 몸살을 앓는 바다
씻기고 찢기고 부서지다
햇볕 좋은 날 일제히 피어난 꽃송이들
바다가 울면 우수수 떨어지는 소금 꽃
소금밭 쥔장은 오늘도 하늘만 물끄러미
바다가 뭐라고 하든지 말든지
눈부시게 하얀 소금꽃 하늘가득 뿌리고 있다

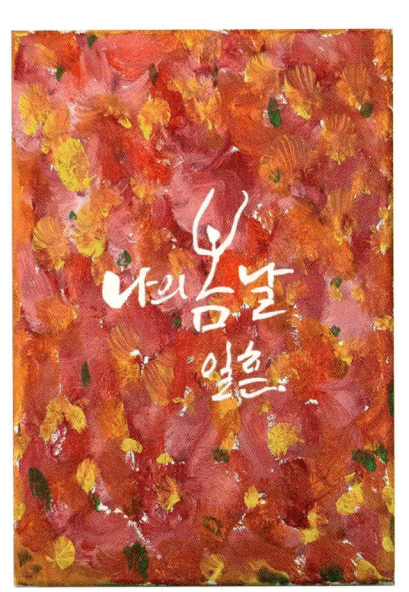

넷.

우단동자꽃

백 미터 먼발치에서도
존재감을 드러내
나를 불렀지
붉은 입술로
이파리가 벨벳 같아
이름도 모른 채
깨알 같은 씨앗으로 따라왔지
훌훌 뿌려놓고 잊었는데
우아하게 다가와
내 입술에 불을 지폈어
표현할 수 없는
애정을 느끼며 다가갔을 때
여름은 절정에 이르고

넷 내 눈엔 너만 보여

레몬 꽃 피다

아버지 유산으로 받은 레몬나무
한차례 도둑맞고 다시 얻었지
이십년이 다 가도록
동고동락 했으니
너는 나를 나는 너를
알 다 마다
얼마나 많은 기쁨을 주려고
그리 많은 꽃봉오리를 맺었을 고
창밖은 아직 겨울인데
일찍이 봄을 안고와
가지마다 보따리를 풀었구나
순백의 얼굴로
마법 같은 향기로
나를 옭아매는
너는 사랑꾼

내 눈엔 너만 보여

꽃마리
두해살이 들꽃
지천으로 널려 살지만
아무나 볼 수 없는 꽃
봄날 꽃 잔치 무르익기도 전
내 눈엔 너만 보여
이렇게 예쁜 꽃이 또 있을까
키 작은 내게
작은 눈을 가진 나에게
행복을 주는 너는 선물이야

부추꽃

여름 복판
폭염도 아랑곳 않고
부추꽃이 피었다
눈부시게 하얀 별을 품은 꽃
할머니 텃밭 부추는
요강물 먹고 샘물도 먹고 자랐었지
우리텃밭 부추는 수돗물 먹고 빗물 먹고
환경은 달라도 꽃은 여전히 아름답다
하늘에서 별이 쏟아져 내린 듯
하얗게 물든 부추꽃이 보고파
고명으로 키우는 부추꽃이 오늘따라
땡볕아래 살랑살랑 더 눈이 부시다

오동도 동백꽃

신혼의 꿈을 안고 걷던 그 길엔
찰랑찰랑 파돗소리 따라
해녀들의 좌판이 즐비했었지
산골에서 나고 자란 내겐
바다 보는 것만으로도 축복인데
꿈틀거리는 바다의 보물들이
얼마나 신기했던지
낙지와 소라를 시켜놓고
무섭고 징그럽다며 맛도 못보고
두고두고 그리웠던 곳
오동도의 추억
살아가다 문득 아이들과 함께 했던
오동도엔 동백꽃이 한창이었지
갓김치에 간장게장
밥도둑을 만나서 그리움이 더 했지
황혼의 길목에서 문득 그리워
기차타고 번개 팅
아직 살아있는 청춘이 마음보다
앞서 가는 추억의 그림자
하늘 높은 줄 모르고
땅 넓은 줄 몰라 살갑게 붙어사는
동백나무들

고기잡이 낭군을 기다리다
숨을 거둔 아내의 무덤위에
피어난 전설의 꽃 동백
사랑합니다! 그 말 못해 눈물도 없이
뚝! 떨어져 눈감을 수 없는 꽃

난봉옥 꽃피다

우연히 들린 휴게소
주인 닮은 다육이 들이
양지바른 곳에 모여 날 보고 웃는다
가시 없는 선인장 난봉옥
별을 닮아 반했는데
밤하늘의 유성을 다 품었구나
침묵으로 지켜보던 어느 날
이토록 예쁜 꽃으로 나를 홀리다니
올 봄 꽃망울이 또 맺었다
첫눈에 반한 네 모습이 그리워
한 달 두 달 석 달
하마터면 눈이 짓무를 뻔 했지
하필이면 오늘이야
외출 후 돌아오니 덩그러니 외롭게 홀로
웃다가 웃다 가 입술을 깨물며
사그라지는 꽃봉오리
한번 만 더 피어달라고
애타는 내 맘 알까
불타는 정열을 보여 다오

작살나무

봄부터 여름이 다 가도록
너를 모르고 지냈지
여러 번 다가가 옷깃을 스쳤을 텐데
큰 나무아래 옹기종기 모여앉아
보라 빛 연서를 보냈을 텐데
눈길 한번 주지 않고 지나쳤을까
해마다 요맘때면 혜성처럼 다가온 너를 보고
아는 척은 다 하면서 작살나무야!
이름이 웃기다고 꺄우뚱 다시 보는 사람들
시리도록 파란 하늘 아래 보석처럼 박혀
눈을 떼지 못하는 건
알아주는 이 없어도
인고의 시간을 빛나게 하는 지금

내 삶의 자화상

게발선인장

꺾이고 꺾여
세월만큼 풍성해진 발들이
죽죽 늘어져
나이자랑을 한다
찬바람 시작 되던 가을 날
삐죽삐죽
여드름처럼 돋아나더니
오가는 사람들 애간장 다 녹인다
오늘은 폈을까
내일은 필까
사랑도 모자라 마음까지 다 퍼주고
그 겨울을 기다림으로 살았다
아침
점심
저녁
쉴 새 없이 터지는 꽃잎을 보라
새악시 볼닮아 어여쁜 빨간 드레스
요염하게 드러나는 하이얀 속살

은방울꽃

때 이른 봄날
초록색 송곳니가 불쑥불쑥
일어나 눈인사를 했다
겨우내 잠자면서 식구도 불리고
돌돌말린 이파리 다 펴질 때 까지
숨죽여 기다리다
꽃대궁에 숨겨 둔 방울방울 은방울 종
내려놓지 않으면 볼 수 없는
치부를 대신하는 무언의 종소리
행복이어라
향기로운 사랑이어라

봄까치꽃

햇살 따사로운 담장아래서
활짝 웃고 있는 너를 보았다
울퉁불퉁 작은잎 사이로
하늘색 꼭 닮은 얼굴을 내밀고
봄 마중 한다
깨알같이 작은 눈으로
기쁜 소식전하는
보면 볼수록 더 예쁜 꽃
그것까지는 몰랐는데
개불알꽃
터지는 웃음 감추지 못하고
꽃잎하나 책갈피에
봄빛으로 남긴다

광대나물꽃

봄바람 살랑거리면
들판을 나가 보아라
저만치서 들려오는
나팔소리를 들어 보아라
눈을 맞추고
크게 벌린 입술사이로
꿀을 빠는 벌 나비도 포옹하는
핑크빛 향연
빨간 모자
나비넥타이
프릴 달린 옷으로 한껏 뽐낸
어릿광대의 익살스런 모습을
찾아 보아라
곰살맞게 둘러앉은 그 옆에
납작 엎드려
코딱지나물?

호야꽃

꿈에 그리던 그 꽃이
선물로 왔다
별처럼 가득한 사랑을 담고
며칠을 고민하다 신방을 꾸며주었다
벅찬 감동을 잠재우기도 전에
가슴속에 찍어 둔 점 하나
꽃봉오리
별처럼 아름다운 네 모습을 그려 본다
느릿느릿 아주 느리게
꿈틀거리는 내 안의 꿈도
너를 닮아 천천히 커가고
어느 날 터질 듯 부푼 너를 보았다
해산의 고통보다 더 초조하게
기다림
하나 두울
세엣 넷
다~아~섯 그리고 별이 되었다
별 속에 또 별
별처럼 예쁜 꽃 호야
고독하고 아름다운 사랑
내 집에서 이 꽃을 볼 줄이야

들꽃

만날 때마다
내 마음 앗아가더니
오늘은
그리움만 주는 구나

호박꽃이 말했어

몇 날 며칠을
풀고 싶은 애기 보따리
어찌 참았을까
먼동 틀 때 터진 웃음
황금빛이야
별사랑이야
종일토록 쏟아놓고
호박꽃이 말 했어
모두를 포용하고
사랑의 용기로
다시 태어 날 거라고

제비꽃

아지랑이 피어오르는 들녘
발길 멈춤도 기적인데
무릎을 꿇고 말았어요
여기저기 흩뿌린 보라색 물감
옹기종기 모여 사는
제비꽃 가족
그녀 앞에서는 사랑을 고백해요
부끄러워 말 못할 땐 그냥 간직 하세요
봄바람 살랑 이는 날엔 그리워해요
산행 길에 건네받은 제비꽃반지
추억 속에 살아있네요

초화화 · 2

팽개치듯 뿌려놓은
겨자씨 버금가는 알갱이들
다둥이로 태어나
내가 누구냐고 묻는다
그 겨울 잃어버린 추억을 더듬었다
뾰족뾰족 내미는 얼굴이 채송화 같아서
한동안 커져가는 몸매를 유심히 살피던
어느 날
하늘을 향해 화살처럼 솟아
크고 놀라운 비밀을 내게 고했다
'불꽃처럼 살다가 가는 거야'
길고 긴 목을 흔들흔들
눈부시게 아름다운 모습으로
쏘아올린 축포
운명처럼 다가와 춤추는 서너 시간

용담꽃

화관을 둘러쓴 신부같이
가을을 노래하는 용담꽃
밤새 내린 가을비가 모자라
반나절을 더 쏟더니
해님이 웃고 있는 찰나에
용담꽃도 웃었다
성질이 급한 건지 새봄부터 돋아나
태풍 폭염 쓴맛 단맛 다보더니
구절초에도 매달리고
수국에도 매달리고
화양목 철쭉까지 타고 올라
나 좀 봐요
나 좀 봐요
하늘 빛 다 담아
등불처럼 피었다

아이리스

햇살 따사로운 봄날
바람 한 점 날아와
입맞춤 했다
길고 긴 잎 사이로
수줍게 올라온 꽃 대궁
비밀을 감추려다 벌어진 입술
베르사이유 궁전보다
아름다운 네 모습
보면 볼수록 신비롭다
하늘하늘 나풀거리며
유혹의 베일 속으로
키스의 여신을 부르는 너
아이리스

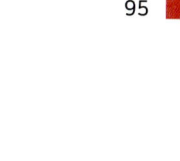

달맞이꽃

지질하게 비가 내렸다
마음마저 질퍽해진 날
눈앞에 펼쳐지는
산수화가 보고 싶어
그곳에 갔다
길섶에 즐비하게 늘어선 달맞이꽃
달빛 기다리다 이참에
프로포즈라도 하듯
황금빛 화살을 쏘아댄다
안개비는 내리는데
질펀한 내 가슴에
꿈에 본 듯
수채화 한 점
커다랗게 매달려있다

내 이름은 자보

옆집 은행 총각 꼬드겨서
얻어온 다육이 한 촉
가히 예쁘지도 않은 것이
온 몸에 깨알 같은 문신을 하고
쑥쑥 똥보가 되었다
어느 날
물총 쏘듯 길게 솟아오른
꽃대궁
며칠을 애간장 태우더니
대롱대롱 롱스커트 몇 벌 걸어 놓고
손짓한다
체면 불구하고 자꾸만 고개를 비틀어
속 들여다보는 내속을
너는 아니

깽깽이 풀

잔설이 아직 남아있는
후미진 산기슭
낙엽 덤불을 헤집고 나온
깽깽이 풀
춥지는 않느냐고?
밟히면 어쩌려고...
이런저런 안부 물으니
피식 웃으며
"안심하세요"
한다

민들레

노오란 네 얼굴 예쁘다 입 맞추고
덧없는 세월 속에 익어가는 나처럼
이 새벽이 아니면 볼 수 없을 것 같아
무릎 꿇어 안부를 묻는다
눈곱만한 몸뚱이가 인도 블럭틈에 끼어
놀라는 기색도 없이 주저앉아
그 사랑 다 받으며 웃고 있구나
심술궂은 바람 불어와 백발 흩날리면
멀리 멀리 떠나는 여정
어디든 못 가랴
기약하지 않아도
화창한 봄이면 노오란 꽃잎으로
다시 찾아 올 거야

칡꽃

산길 따라 늘어진 칡덩굴
제멋에 겨워 붙잡은 손 놓지 않으려고
여기 저기 그물망이 예사롭지 않다
걸리기만 해 봐라 벼르는 속셈인양
은은한 향기로 오가는 행인 발목 잡고
살포시 내민 요정 같은 칡꽃
짙은 초록 치마사이로 익어가는 칠월

넷 내 눈엔 너만 보여

다섯.

맨드라미 꽃차

수줍음 가득 담은
볼그레한 차 한 잔
그리움 안고 다가와
엄마의 봄날을 풀어 놓는다
보슬 보슬 봄비 내리던 날
사립문 옆 맨드라미꽃 심어놓고
가을 햇살아래 붉게 물든 맨드라미꽃
오가는 사람들 예쁘다 예쁘다
울 엄마 얼굴에는 함박꽃
보고 싶고 그리운 날
향으로 피어난 꽃차를 마시며
불러보는 그 이름
엄마

순백의 천사 아이리스

눈 빠지게 기다렸어 기다리지 않아도 올거라는 건 알고 있지만 왜 하필이면 이런 날이냐고 하고 많은 날을 비껴서 바람 불고 비 내리는 날 잠시 머물고 갈 소풍길인데 그러려니 하고 잊고 있었지 그런데 오늘 이렇게 예쁜 날 바람도 잠든 하늘아래 살며시 다가 온 너 순백의 드레스를 나폴 거리며 웃고 있구나 사랑과 우정을 동반한 너와 함께 무도회를

궁남지 연꽃

궁남지 연꽃은
첫사랑이다
짝사랑이다

산돌이 서동왕자
가슴앓이 열병을
바람이 전하는 말
선화공주를 사랑했다네
선화공주를 사랑했다네

밤마다 귓가에 맴도는 소리
문 좀 열어주오
문 좀 열어주오
문풍지 떨림으로 다가오는
사랑의 세레나데

달 밝은 그 밤에
진평왕 셋째 딸
꽃으로 피었다네

산돌이 서동왕자 사랑가
궁남지에 퍼지네
선화공주 웃고 있네

비 내리는 날 초화화

하늘하늘 춤을 춘다
빗방울 대롱대롱 매달고
수줍게 볼 붉히며
이런 날은 좀 쉬지
약속이나 한 듯
한 낮을 피한 두세 시
빗방울 피해가며 한들한들
방긋 방긋 세 시간 남짓 피었다지는
짧은 시간을
감사의 폭죽 터뜨리다
눈곱만한 알갱이 하나품고
낙화로다

비 내리는 날 초화화는
더 사랑스럽다

눈꽃으로 다시 피다

봄
여름 가을
그리고
겨울채비를 끝냈다
훌훌 벗어던진 옷자락 이불삼아
서 있는 나목

바람이 묻는다
… …
햇살도 내려앉아 속삭인다
… …

폭풍 몰아치던 날
새하얀 눈꽃으로 피어나
사랑얘기 들려주는
너

꽃도라지

장미꽃도 아닌 것이
꽃바구니 속에서
우아하게 웃고 있다
안개꽃에 둘러싸인 색색의 아름다움
장미꽃을 따돌리고 내 마음을 훔쳐간 너
가시도 못 달고 도라지꽃대궁을 닮아
꽃도라지
그 사랑 변치 않을께요
덤으로 받은 사랑고백

만약 내가 꽃이라면
날마다 너를 초대 할 거야

실종된 겨울을 비집고 봄은 빠르게 왔다
성급한 꽃망울이 터져도 탈이 나지 않았다
줄줄이 피어나는 꽃들
축제로 설레는 사람들
만약 내가 꽃이라면 날마다 너를 초대 할 거야
그러던 어느 날
정체불명의 씨가 불꽃처럼 타올라
온 세상을 덮쳤다
꽃 대궁이 꺾이고 갈아엎어 파묻히고
사람들을 창살 없는 감옥 속으로 밀어 넣었다
살아있는 모든 것이 꿈을 잃었다
어쩌다 마주친 봄의 전령
민들레 냉이 꽃다지
속없이 나를 보고 쌩긋쌩긋
겸연쩍게 내려다보던 목련
피었어도 피어있는 게 아니라며
하얀 피를 뚝 뚝 뚝
말없이 다가와 생명을 앗아가는 악의꽃
오월이 다 가도록 빗장 걸어 잠근 사람들
꽃은 피고 지는데 얼어붙은 내 마음
햇살한줌 그립다

유월에 만난 그 꽃

유월이 뜨겁게 익어가는 날
구부러진 들길 따라
휘어진 강가를 돌아서
숨이 차오르는 산중턱에 오르니
우리 집 화단에 만발했던
그 꽃이 손을 내 민다
휘둥그레진 눈 속에
감탄사를 머금고
금계국이야
군데군데 무리지어 금 방석 깔아놓고
산모퉁이에도 계곡사이에도
바람 따라 왔노라며
합창을 한다
꽃말처럼 상쾌한 기분
사르르르 온 몸이 녹아내리다

별꽃

함박눈 내리던 날
한 폭의 수채화로 서있던 대추나무
주는 사랑 다 먹고 열 살 되던 봄
반질거리는 이파리 사이사이로
별꽃이 피었다
햇빛 쏟아지던 날 바람이 흔들고
벌들의 입맞춤으로 쥐똥만한 열매들이
그네를 탔다
한가로운 날들을 기쁨으로 토실토실
사춘기를 지나 근육질을 뽐냈다
장마가 시작되고 비바람에 시달리더니
가뭄이 오고 가마 솥 더위에 허기진 청춘
오늘 또 손님이 왔다
부릅뜬 눈을 껌뻑이며 폭풍우 손을 잡고
믿어요 나만 믿어요
열자나 뻗어나간 뿌리가 말을 했다
담장밖에 마실 간 작은 가지는 견딜만하다고
제법 굵어진 씨알들이 툭 툭툭
알곡과 쭉정이가 가려지는 중이다
그리고 찐한 가을 날
수채화위에 덧 칠 해진 붉은 진주 빛

꽃 문둥이

어릴적 뒷동산엔
꽃 문둥이가 살았지
참꽃 따 먹으로 갈라치면
무서운 얼굴 떠올라 꿈 깨지고
혓바닥 보랏빛 물든 날은 운이 좋았다고
전설처럼 내려온 얘기는
사춘기가 되어서야 깨달았지
새색시 적 엄니 얼굴 같은 참꽃
달달하게 물든 봄 날
떨리는 손으로 한 움큼 잡을라치면
서늘해지는 등골
지금도 살고 있을까
꽃 문둥이 보고 싶어 떠나는
뒷동산엔 계절 마다않고
진달래꽃 피고지고

지금은 축제 중

깽깽이풀 눈을 뜨자
영춘화 피고
갯장구채가 피고
미스 김 라일락이 웃을 때
봄꽃향연 축제를 준비했지
우리집 터줏대감 철쭉꽃이 만개한 그날
봄볕이 유난히도 따스했어
여기저기 축제팡파르가 울릴 즘
우리도 축제를 했어
금계국꽃잎 바람에 날리더니
여름이 오고 폭우가 쏟아지고
바람 잘 날 없던 우리집 꽃밭
밤이면 밤마다 하늘을 향해
기도하던 꽃들
내 사랑 듬뿍 받아 고맙다고
범부채꽃 피고 상사화 피고지고
애기달맞이꽃 소곤소곤
분홍달맞이꽃 등심붓꽃 까르르
담장 밖으로 흘러가고

그리움과 기다림이 범벅이 된 가을 날
구절초가 무리지어 활짝 웃었어
이때다 고운입술로
화관을 두른 용담꽃이 내게
보랏빛 연서를 보냈지

지금은 축제 중

초화화 · 1

'이거 초화화 꽃씨야!
하늘하늘하고 예쁜 것이 겨울도 난다니까 밖에서!'
아버지 추도 일에 만난 동생이하는 말이다
빳빳한 지로용지 쭉 찢어 꽁꽁 싸맨 뭉치 속에
깨알보다 작은 알갱이들이 초화화 이름표를 달고
내게 와서 웃는다
아직 얼굴도 모르는데
검색 해 보니 빨간 얼굴에 목이 길 쭉
하늘하늘한 몸매 초면은 아닌 것 같다
빨리 심으면 빨리 볼 수 있을까
이 가을에 땅속에 묻어두고 빨갛게 달아오른 너의
얼굴을 그리며 이름을 기억 한다
초/화/화
순수한 마음
빛나는 순간을

이팝꽃

빗방울 또르르 이파리에 여정을 풀면
일제히 입을 열고 지금은 식사 중
투정할 겨를도 없이 목을 적신다
아까시향 숲으로 번지고
밥꽃 냄새 동네 안으로 퍼질 쯤
청보리 밭 종다리의 서곡
하얗게 널브러진 밥꽃 사이로 미끄러진다
머슴 밥그릇보다 더 큰 봉오리
찢어지게 가난했던 엄니
꽁보리밥 한 사발안고 꽃그늘에 웃고 있다

겨울나무

겨울의 한 복판
길게 늘어선 가로수 길을 달린다
실핏줄 터지 듯 드러난
나목의 속살
저걸 어쩌나 이렇게 추운데
칼바람이 매섭게 살갗을 후벼 파도
꼿꼿하게 드러난 치부를 자랑하듯
파란하늘에 탁본을 뜨네

겨울나무

봄이 오고 있나봐
수양버들이 눈을 떴어
얼마나 아플까
찢어지는 살갗 에워 쌀 틈도 없이
연둣빛 물감위에 맺힌 눈물
그 겨울이 다 가도록
헤아리지 못한 것은
내안에
인고의 사랑이 없었기 때문 일거야

꽃보다 아름다운 날

사월의 끝자락을 여며 잡고
서둘러 외출하는 여인
초고속 셔터 음 속에 사랑을 담는디
꽃보다 아름다운 날

잠에서 깨어난 숲이 꿈틀 거린다
발갛게 달아오른 속내를 감추지 못해
상사병이 났나보다
눈만 마주쳐도 울렁이는 가슴
열병처럼 번지는 사랑

시간을 묶어두고 싶다
초록물감으로 범벅이 된
한반도는 온통 로뎀나무숲이다

라일락 꽃 필 때

라일락 꽃 필 때 우리는 사랑을 했지
매달린 꽃봉오리만큼
굳은 약속을 하며 고리 걸었지
여린 순 접어 입에 물고
사랑은 쓴 만큼 약이 된다는
진실도 알았지
꽃바람 가슴으로 불어오고
오월의 향기는
우리사랑을 불태웠지
천지가 다 아름다웠지
라일락꽃 향기보다 진한 사랑
라일락꽃으로 가득 차 있었지
계절이 바뀌어도
오월 속에 멈춘 사랑은
하늘 높이 뜬 풍선이었지

지금 하고 싶은 말
감사해요
오늘 하고 싶은 말
고마워요
늘 하고 싶은 말
사랑해요

여섯.

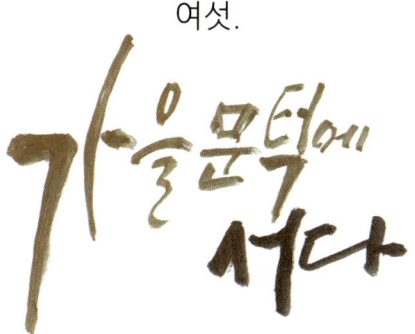
가을 문턱에 서다

아름다운 대화

팔순은 족히 넘었을까
골 깊은 주름도 세월을 비껴가듯
해맑은 웃음
'고리로 와'
기다림의 여운을 남기며 문을 나서는 친구
'내가 고리로 갈께'
기역자로 구부러진 허리를 재끼며
화답을 한다
'고리로 가서 기다릴 께'
'고리가 어디예요'
'……'
해바라기가 된 할머니
기분 좋은 만남을 기다리며
내게 하는 말
고리가 궁금하면 고리로 가게 따라와

며칠 후
'고기서 만나요'
그이가 활짝 웃는다
'고리'나 '고기'나 행복이 살고 있는 건 분명하다

폭염

여름이 타고 있다
날마다 기록갱신
더위 신조어가 파생중이다
불판 위에 살다 불판더위
찜통 속에 찌다 찜통더위
용광로 속에 끓다 용광로 더위
가마솥에 삶다 가마솥더위
보양식으로 달래던 삼복더위는 없다
만년설 녹아내리는 대지 위
무섭게 파괴되는 자연은
인간이 저지른 죄 값을
지금
톡톡히 치루는 중이다

사랑은 행복 순이 아니야

배롱나무 꽃 속에서
자지러지게 울어대는 매미가
느티나무 숲에서 노래하는 매미보다
행복 하겠다
칠년을 어둠속에 숨어살다가
세상 밖에 나왔으니
한바탕 큰 소리로 내 삶을 노래하리라
폭염에다 열대야까지 극한에 이른
삼복의 끝자락에
거칠게 울어대는 매미는 밤을 잊었나
사랑은 행복 순이 아니야
목청껏 지르는 게 최고지

말

지금 하고 싶은 말
감사해요
오늘 하고 싶은 말
고마워요
늘 하고 싶은 말
사랑해요

뉴스를 보다가

아파트청약
107:1
당첨!
거짓 쌍둥이 임신
탈락??
당첨!!
입주 후 낙태
탈락
@@@
몹쓸 세상
저만 살 것 다고
씁쓸한 하루

언제나 혼수상태다

사나흘지난 구문을 읽었다
한편의 시가 있고
삶의 향기가 있는
어정쩡하게 펼쳐 있는 그 곳에
시선이 멈추었다
변방에서
또박또박 활자를 찍기라도 하듯
천천히 읽어가다
끝까지 읽지도 못하고
머릿속이 혼미해졌다
나를 대신하겠다는
글자와 그림들이 뒤엉켜
한바탕 전쟁을 치르고 나머지를 읽었다
노란 리본의 서명
아픈 마음보다
아픈 만큼 무뎌지는 현실 미웠다
듣고도 흘러버린
수많은 말들
꼭꼭 틀에 박힌 세상은
언제나 혼수상태다

백화점에서

졸업과 입학
입어야 하고 먹어야하는
폼 · 생 · 폼 · 사
힘들다는 아우성을 잠재우는
공항과 백화점은 늘 북새통이다
이건 껌 값이야
요즘 추세가 그렇다고
사람들이 말하는 한 장 쓰는 건 순식간
다들 살만한가보네
깜짝 깜짝 놀라며
속으로 구시렁거리는 내가
잘 못 산걸까
부모형제가 있어 행복했고
금쪽같은 새끼들과
배불리 먹고 실컷 웃을 수 있어
기분 좋은 오늘이 최고였는데

선물

하루를 산다는 것은
희망입니다
하루를 잘 살았다는 것은
행복입니다
웃을 수 있는 하루는
축복입니다
눈물을 흘릴 수 있는 하루는
배려입니다
고맙습니다 감사합니다
말 할 수 있는 하루는
사랑이 있기 때문입니다
하루는 선물입니다

이천이십 일 년

시비 거는 사람 없는데
쫓기고 살았다
냄새도 형체도 없는 것이
세상 간섭 다하고
입 닥쳐!
거기 서!
집 콕이라니
정말 그립다
자유
코로나19 삼 년차

내 안에

내 안에 믿음 있어요
소망 있어요
사랑 있어요
내안에 기쁨 있어요
행복 있어요
꿈이 있어요

사랑은
좋아하는 색깔로
다가와
나를 훔쳐가는 거야

여섯 가을 문턱에 서다

거울 앞에서 · 2

내가 아닌 내가
거울 속에 서 있다

시간은 나를 묻어버리고
타인으로 남게 했다

이른 아침 거울 앞에서
거꾸로 간 세상이
서 있는 나를 비웃고 있다

어느 날의 일기

하늘이 울었다
내 마음도 따라 울었다
숨 가쁘게 달려온 날들이
일렬종대로 늘어서서
아우성이다
멀어진 틈새에서
기억하기 힘든 꿈들이
짓밟히고 있다
걸어서 뒤돌아보면
언제나 그 자리
중년의 아낙은 오늘도
낮은음자리표 옆에 도돌이표를 그린다

새벽달

밤새
그리움에 몸살 난
새벽 보름달이
대추나무에 걸터앉아
쉬고 있다
저 멀리 붉은 빛으로
다가오는 여명
행여 데일까봐
작별인사도 못하고
숨어

또, 만나자는 그 말
허공에 날리다

詩같은 하루 · 1

詩같은 하루가 되라고
누가 말했어요
시인이 되어서도
시인답게 사는 게 무엇인지
모르고 살았지요
남보다 일찍
아름다운 하루를 열면서
꿈을 심었고
오가는 사람에게
가끔은 살아온 길 얘기하며
그렇게 살았지요
그래요
오늘은 정말
시처럼 살고 싶은 하루예요
모든 게 사랑으로
내 마음을 울리고 있으니까요
시인의 하루가
곧 詩같은 하루니까요

우린 영원한 친구야

세월이 흐를수록
깊어가는 사랑
미운정 고운정 다 들어
돌이킬 수 없는 흔적들
언제나 같은 곳만 바라보다
영혼까지 닮아버린
우린 영원한 친구야

성찬

오늘 나는
주님의 살을 먹었습니다.
골고다 언덕 십자가에 달려
내 죄 때문에
찢기고 찢긴 주님의 살을

오늘 나는
주님의 피를 마셨습니다.
골고다 언덕 십자가에 달려
내 죄 때문에
한 방울 남김없이 쏟아 낸
주님의 피를

주님을 알게 된 그날부터
먹고 마신 주님의 피와 살
다 내려놓고 맞이한 오늘
주님과 난 하나가 되었습니다.

가을 문턱에 서다

거짓말 같았던 폭염
소리 없는 살인행각

녹아내리다

마르고 부서지다

송두리째 앗아간 삶
그래도 일어서야지
금쪽같은 비 소식에 벌떡 일어나
기다리는 나에게
보고 싶은 너를

아침의 반란

하프연주곡
꼭두새벽 나를 깨우는 연인이다
어둠을 깨우려면 더 기다려야 한다
이번엔 내가 자명종이 될 차례다
막둥이의 모닝콜이 되어야 하고
그이의 자명종도 나다
분명 소리 없는 전쟁의 초록 신호등
아침의 반란이다

아내의 자리에서
어미의 이름으로
내게 아침의 반란은 일상의 행복이다

삶의 탈출구를 찾다가도 날마다
아침의 반란을 기다렸는지도 모른다
너무 많은 것을 알고 있고
너무 많은 사랑을 주었기에

오늘도 행복한 자명종이 되어
사랑을 전 한다

새방실이가 그리 좋든냐
수도 몰랐지 이렇게 돋보일줄은

그대, 그런 아침 맛보았는가!

태풍 전야 으스러진 몸뚱이가 가누고 일어나
흘겨본 자국마다 구겨진 꿈들 바람에 뒹굴고
치유할 수 있는 흔적을 바라보며
사랑의 손 내밀어 본
그대, 그런 아침을 맛보았는가

떨리는 목소리 다급하게
새벽을 깨우는 소리
꺼져가는 생명 부여잡고 간절한 입맞춤으로
보내야만 하는 아픔을 맛보았는가
그대, 그 아침에

시작 문을 열고
촌음을 다투며 출근버스에 몸을 맡긴 채
안도의 숨 쉬기도 전
삶의 족쇄에 매인 나를 보았는가
손전화의 굵은 사슬에 매여
멍든 영혼을

새벽을 열다가
잠에서 깨어나는 생명들을 포용하다가
열 달의 산고 끝에 해산의 기쁨을 알리는
천사의 소리를 들어 보았는가
그 겨울을 이기고 눈뜨는 여린 싹의
기지개켜는 소리 들으며
그 봄, 싱그러운 아침을 맛보았는가,
그대

밥

평생 먹고도 물리지 않아
하루세끼 꼬박꼬박
기다림으로 살았지
어미의 젖줄 떼기도 전
새새로 받아먹으니 하루 열 두 끼도 모자랐던
그때가 있었네
한 끼 쯤 거르면 어떠냐고
젊음으로 버티고 귀찮아서 뿌리친 끼니가
얼마나 소중한 건지
나눔의 사랑을 알고야 부끄러웠다오
밥 세끼 지키려고
이리 뛰고 저리 뛰며 그네 타던 시간들
아침 이슬 같은 삶이여
밥그릇 키 재기 하던 젊음이여
땅거미 내려앉은 이 저녁
곰삭은 김치에 밥 한 그릇
사랑으로 버무린 기도여

비우다

날마다 비우는 연습을 한다
날마다 내려놓는 연습을 한다

채워진 것 없어도
쉴 새 없이 불거져 나오는 것들
형체도 무게도 없는 것이
뛰쳐나와 소리를 지른다

한줌 흙으로 빚어진 몸뚱이
덤으로 주신 생명
갈 때 빈손으로 가더라도
사는 동안 부려야하는 욕심이
두고두고 감옥신세다

비우고 내려놓고
내려놓고 비우고
소유할 수 있는 건 행복과 자유
그리고 감사

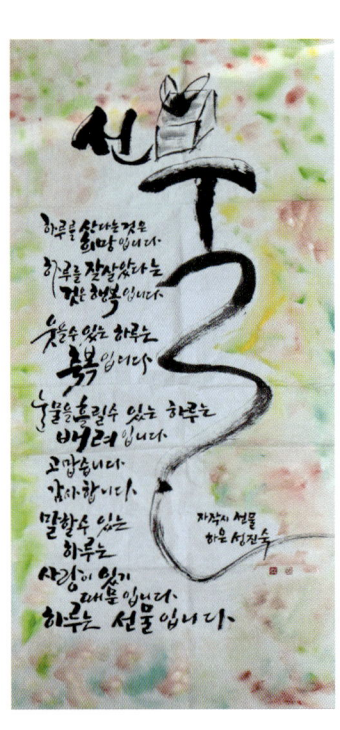

일곱.

불현듯 그리운 날

내 고향 무주

강선대 휘돌아 흐르는
남대천의 저녁 놀
꼴 베던 애들은 뵈지 않고
금강 벼룻길 따라 반딧불이만 사랑에 빠졌다
소나기 한줌 퍼 붓고 간
하늘 캔버스
여시 같은 구름들 여름을 그린다
향로산 허리 딛고 날망에 올라서면
펼쳐지는 산수화
뉘 섬이라 불렀던 가
비단 같은 물결 따라 사계를 노래하는 산
다슬기 모래마주 참꽃 정겨워라
물안개 스멀스멀 피어오르는 가을 아침
한가로이 노닐던 왜가리
머리보다 큰 쏘가리 물고
만찬을 즐긴다
사람보다 산이 많아 행복한
내 고향 무주
그리워서 울고 넘고
가기 싫어 울고 넘던 싸리재 고갯길
하루에도 몇 번씩 행복이 넘나든다

잔치 국수

가마솥이 걸렸다
복더위 기승을 부리니 태풍도 비껴가는
여름 복판
입맛 사로잡는 잔치국수가 생각났다

조선호박 채 썰어 볶기
계란지단부치기
멸치국물 우려내 파 송송 띄우기
잔치국수다

마주앉은 점심상
호박에서 아버지 냄새가 난다
계란지단 노른자위를
바지런히 넘나드는 외손녀 손가락
푹 퍼진 국수가 까칠하다

고수, 고것 참!

겨울잠을 그렇게 자고
봄 햇살에 기지개켠 고수가
삼겹살에 올라 앉아 침샘을 자극 한다
고수를 못 먹으면 무주사람 아니랑께
식성으로 찾아내는 토박이 사랑
노시인의 입맛까지 사로잡았으니
싸리재 고갯길 다 닳겠다

친정 엄마 시집 와서 한 달 만에
하마터면 쫓겨날 뻔 했다는 고수이야기
텃밭 여기저기 누린내나는 풀을 뽑아와
무채와 섞어서 채나물을 주문하셨다고
오장육부가 뒤틀리며 토할 것 같은
호랑이보다 무서운 시어머니 명령 어기지 못하고
숨죽이며 차려낸 밥상
두고두고 말씀하시더니
남편따라 무주사람 다 되었다

어려서부터 자연스럽게
그 냄새에 익숙하고 맛나게 먹었던 나

일곱 *물현 듯 그리운 날*

첫아이 가졌는데 하필이면 그게 먹고 싶은 건지
빨간 고추장에 버무려 하얀 밥에 쓱쓱 비벼먹고 싶어
골목시장에서 한다발 사다놓고
씻지도 않았는데 집안가득 풍기는 냄새
생전 듣도 보도 못한 것을 먹는 내게
혼자 많이 먹으라더니
삼겹살 구을 때면 고수먼저 찾는
그이도 어쩔 수 없이 무주사람

도돌이표

늘 하던 일인데 시간에 쫓기고 있다
뚫어지게 모니터를 바라보다가 자판을 본다
건반을 이렇게 능숙하게 두드렸더라면
내 맘에 꼭 맞는 알레그로 악상이 탄생했겠지

눈을 감았다

방죽가 옆 외딴집 넓은 마당 꽃밭 큰 우물 헛간 사랑채 뒤안길 장독대 정은이네 승병이네 준이네 그리고 화장품아줌마 염소 토끼 거위 오리 누렁이 병아리 자두 밭 감나무 산수유 정구지 밭

예닐곱 살 소녀는 지금도 그 집에 살고 있다

꿈 이야기

꿈틀꿈틀
지구를 한 바퀴 돌더니
눈이 부시게 아름다운 신기루
연초록 물결위에
무지개가 떴다
잡힐 듯 잡힐 듯하다
금새
다가온 숲
천상의 아름다운 것들이 다 모여
춤을 춘다
빛의 속도로 내려앉은 언어들이
쭈뼛쭈뼛 고개를 내밀다
훨훨 우주로 떠나는
꿈나무사이로
활짝 웃고 있는 너를 보았다

꿈
꿈 이었네

예뻐지기

지금은 염색 중
올백 그녀가 정면으로
응시하고 있다
곳곳에 길게 누운 주름이
미세하게 뒤엉켜
봐 도 봐도
낯선 여인
얼핏 보니 내 동생 인가
갸우뚱
금 새 엄마가 웃는다
나도 모르게 닮아가는
세월의 흔적

나! 지금 예뻐지는 중이다

산책길 풍경

고요가 흔들리는 신 새벽
쌓인 눈 위로 눈이 내려앉는다
눈꽃이 피는 중이다
먼저 간 발자국을 따라
천천히
꽃가게 앞을 지났다
재롱잔치 있던 날
파란색 안개꽃을 사달라던 손녀가
꽃바구니에 낼름 올라 앉아 웃고 있다
한바탕 웃음이 지나가고
저만치 밝아오는 아침
출근전쟁이다
빠른 걸음으로 주먹을 불끈
가슴으로 담아온
동네한바퀴

거울 앞에서 · 1

어느 날 문득 거울 앞에서
스킨을 바르고
로션을 바르다가
거울속의 그녀에게
아직 이쁘잖아 쌩얼인데

… …

검버섯을 가리고
주름을 메우고
분칠한 그 얼굴에
색을 입혀 십년은 감했다
할머니도 엄마도 아닌
66나이는 숫자
거울속의 여인이 쌩긋
낯설지 않은 설렘

거울 앞에서 · 3

선물 받은
모자를 눌러 쓰고
거울을 본 다
말없이
한참을 바라보다

왜 엄마가 거기 있어?
거기에 왜 엄마가 있어

詩같은 하루 · 2

미명
고요가 흔들립니다
기도꽃이 꿈틀 거립니다
사랑의 물결이 파문을 일으킵니다
여명
기지개켜며 빛이 일어납니다
천상의 소리가 울려 퍼집니다
행복의 꽃망울이 터지기 시작 합니다
시인의 하루가 열렸습니다
기도 사랑 행복의 언어들이
빛 가운데 모여 재잘 거립니다
하늘로 들로 바다로
날개를 달고 날아갑니다
어둠이 내리면 노을처럼 다가와
감사의 언어를 쏟아냅니다
詩같은 하루입니다

일곱 북현 듯 그리운 날

봄날

봄비가 다녀갔다
바람도 다녀갔다

수줍게 피어난 목련나무 아래로
후두둑 후두둑 하얀 피가 떨어지고
흐드러지게 만발한 벚꽃 나무 아래로는
꽃비가 내렸다
겨우내 탱글탱글 터질 것 같은 동백
초경을 참지 못하고
툭
툭툭
툭... ...
선홍색 핏빛 달거리가 시작되었다

그믐달

어스름한 초저녁
눈썹 그리듯 태어나
하루 이틀
사흘
밤마다 그리움으로 살찌우더니
두둥실 휘영청
오늘밤은 만삭이 되었네
아침 햇살 눈부시다고
힐끗 힐끗 곁눈질하다
하루 이틀 사흘
제살 깎아 살그머니 흩뿌리니
어느새 반쪽
그리움에 애가 타
오늘 새벽 눈썹 지우다
내게 들킨 그믐달

파장

천 원짜리 지폐가 불티나게
거래를 성사 시킨다
인심 푹푹 쓰는
손놀림과 거친 목소리
세월 따라 늘어난 골 깊은 주름
어여들 가져가
파장이랑께

지나온 날보다 짧은 앞날
노을처럼 아름다운 황혼을 준비하다

문득
나이테를 새기지 않아도
유서처럼 남기고픈 말들이
조급하게 다가와
나도 파장이랑께

청춘

꾸물대다 엎어지고
꾸물대다가 멈추었다
이렇게
꿈틀거리고 있었는데
우/선/멈/춤
내려놓으니
청춘이 살아 꿈틀 거린다
농익은 사랑으로

일곱 물현 듯 그리운 날

가을 날

딸아이와 함께 화방엘 갔다
휘둥그레지는 눈을 더 크게 뜨고
내 마음을 앗아가는
아름다운 무늬들 색채들
이것저것 고르는 딸아이를 뒤로 한 채
마흔의 말미에 서 있는 나는
거꾸로 거슬러 올라
딸아이와 같이 줄을 서서
가을을 주워 담았다
홍시처럼 볼그레한 사랑이야기
진한 초콜릿맛과 커피 향이랑
가슴 저미도록 울렁거리는 바다를 안고
잃어버릴 뻔 했던 삶의 향기를
가을이 짙어가는 오늘
화방에 들러
타시 태어나는 나를 보았다

묵향

서른 번은 갈아야 제 맛이 난다는
붓을 잡고
휘이휘이 하늘을 날다
내 마음 툭 털어
점 하나 찍었다

사시나무 떨 듯
흑백을 오고가는 손놀림
솔솔 콧등을 스치는
향 짙는
난 한 송이
마법을 건다

가을 아침에

첫차를 탔다
새벽안개 자욱한 차창너머로
벌거벗은 태양의 알몸을 보았다
새들은 은빛 옷을 반짝이며
골짜기와 능선사이를 넘나들며
숨바꼭질을 한다
수묵화를 펼쳐 놓은 병풍처럼
연이어 굽이치는 풍경은
내 마음을 훔쳐가고
초로와 같다는 인생의 중반에서
잠시 머물다 사라지는 안개를 보며
뒤늦게 삶을 배운다
포용하는 아름다움을

지금은 출근 중

말복과 입추가 겹쳤다
계절이 탈바꿈 하는 하루
이글거리는 땅덩이 위로
갈바람이 분다
계절에 민감한 사람들의 틈새에 끼어
노란 옷을 입고 웃고 있는 빈 의자
하이힐에 지탱하고 있는 나를 유혹 한다
덥석 주저앉는 젊음
애기들의 우상 타요 안에서
양심이 찢어지는 소리가 들렸다
아홉 정거장에 하차하는 어르신
옆구리 쿡 찌르며 또 다시 유혹
비틀거리는 하이힐이 안쓰러웠나보다
겨우 두 정거장 남기고
하마터면 찢길번한 내 양심
아침햇살보다 더 반짝이며
지금 출근 중이다

불현 듯 그리운 날

멍하니
파란 하늘을 보다
왈칵 치미는 그리움
부르는 소리는 허공을 가르고
눈감으면 아련히 떠오르는 얼굴
일흔이란 나이를 그냥 먹는 게 아냐
속이 채워지고
철이 들고
사람이 되어가는 길목인 것을
불현 듯 그리운 날
강이 되어 흐르는 눈물
보고 싶다 말하면
바람이 데려다 줄까

여덟.

커피숍 풍경

커핀그루나루
허니브래드빵과 함께
기다림에 젖어 있다
진한 커피향과 빵굽는 냄새가
보랏빛을 타고 한 바퀴 돌아
젊음을 내뿜는다
세시봉의 통기타보다
아이돌 그룹의 K팝이
까르르 한바탕 후비고간 야성
칸막이 사이로 핑크빛 사연이 흘러내리고
힐끔 곁눈을 파고드는 영화 같은 만남
타임머신 속의 나를 첫사랑에 빠뜨렸다
에스프레소향과 함께

감사해요

예쁜것만 보여줘서 감사해요
입술 열어 좋은말 할 수 있어 감사해요
기쁜생각 할 수 있어 감사해요
내맘 열어 그 사랑 품을 수 있어 감사해요
힘한 길 마다않고 세상구경 함께 해준
발에게 감사해요
내손 꼭 잡아줘서 감사해요
분신으로 다가와 사랑을 심어놓고
웃음꽃 피워줘서 감사해요

가을을 먹다

이런 날엔 파전이 딱 이야
태풍이 올라온다고 야단법석이다
빈틈없이 상추씨를 뿌려놓고
옮겨 심어야 한다며
덜 자란 쪽파를 덥석 뽑았다
파전
오징어가 올라가야 제 맛이지
비싸면 어때
폭풍우를 몰고 한반도를 삼킬 듯
빗소리가 거세게 창문을 두드릴 때
가을을 먹다
쭉 찢어서 깨소금간장 콕 찍어 입에 넣어주던
엄마의 손맛이다

일상의 아침

오늘 또 선물을 주셨네요
감사해요 시작되는 둘째 시간
분주한 주방
뽀글뽀글 뚝배기의 향이
아파트 꼭대기에 다 닿을 쯤
나이만큼 곰삭은 밥상
맛있어요
고마워요
달달하게 사랑이 익어 갈 때
더해지는 커피 향
설렘은 첫사랑 그대로

누가 덫을 놓았을까

이천 십 구년 끝자락에 찾아온 손님
새해 꿈을 송두리째 앗아 갔다
계절을 망가뜨리고 얼어붙은 세상
봄은 오지 않았다
얼마나 지껄였으면 입을 막았을까
얼마나 방황했으면 발을 묶어 놓았을까
잠잠해 질 듯 하다가
빗발치듯 쏟아 내는 확진자 확진자
숨 좀 쉬려는데 또다시 터진
광란의 밤 춤추는 젊음은 어둠을 사랑하고
뽑히지 않는 쓴 뿌리는 악의꽃을 피웠다
긴 장마와 폭우로 가버린 여름 복판
광화문 네거리에 떨어진 불씨
한반도는 몸살을 앓는중이다
코로나바이러스중독
깜깜이
몇개의 태풍이 지나가고 가을 문턱
자연의 섭리에 순응하며 나를 내려 놓는다
지금

아버지의 출근길

검정 비닐봉지와 함께 출근
오늘은 봉지가득 푸성귀가 담겨있다
상추 쑥갓 치커리 근대 부추
아마도 점심상은 쌈밥을 차려야 할 것 같다
이른 봄부터 자투리 시간을 모두 바친
땀방울의 열매들
터질 듯 담긴 아버지의 마음
먹기도 전에 눈물이 앞선다
팔순을 앞에 두고 취미생활 하신다며
붓글씨 쓰고 복지관에서 훈장노릇도 하신다
평생을 육영에 헌신하고 아직도 가르칠 게 남았나 보다
출근길이면 반드시 거쳐 가는 우리집
자판기 커피 한잔으로 사랑을 더하고
수지침 배우는 날이라며 마음이 발보다 앞서 가신다
택배가 왔다 서예대전입선 성대휴
자랑스러운 이름 석 자
딸이기에 앞서 훌륭한 제자가 되고 싶은 마음
아버지 사랑해요

씨를 뿌리듯

뼈 빠지고 등골 휘게 살았지
행복도 기쁨도
아픔도 슬픔도 그 속에 묻었어
씨를 뿌리듯
계절이 바뀌거나 말거나
그냥 땅만 보고 살았지
흙냄새가 좋아서
땀 냄새가 좋아서
자식 커지는 꿈 때문에
훌훌 젊음이 다 빠져나가도
거짓말 모르는 천직이라서
알알이 영그는 그 사랑
나누는 그 맛 잊지 못해
백발이 되어도
식을 줄 모르는 열정
하늘과 땅의 축복이어라

61병동 607호

시시로 변하는 창밖의 풍경들
우두커니 서 있는 먼 산
온종일 창밖만 바라보다
목석이 되었다
링거에서 떨어지는 눈물보다
더 천천히 흐르는 시간
적막
간간이 기차가 먼지처럼 날아가고
폭염주의보 불판더위가 무색하게
유리알처럼 맑은 하늘에
송글송글 피어나는 꽃구름
떼창을 한다
하늘가득 춤판을 벌이더니
속울음 우는 내 마음을 훔쳐보고
같이 놀자한다

어른이 되어 가는 거야

공짜 공짜 공짜 그리고 할인
믿기지 않는 현실을 직감하며
지나 온 날들을 자주 뒤 돌아본다
언제 어디로 어떻게
내 마음 그대로
사랑하는 사람 그대로 인데
하나 둘 늘어나는 가족의 숫자에서
훌쩍훌쩍 자라는 아이들의 모습을 보며
그렇구나 세월이 흘렀구나
아니라고 나는 아직 청춘이라고 우겨도
어쩔 수 없이 남겨진 사진들이 웃고 있다
오늘이 가장 젊은 날이라며
그래 나는 늙어 가는 게 아니고
이제 어른이 되어 가는 거야

냄새 좋다

엄마 책방가자
데이트신청 접수
간만의 쉼을 걷고 있는데
빗방울이 떨어진다
급상승한 기분을 달래며
커피마실까
이래도 통하고 저래도 통하는
우리는 엄마와 딸

새 책 냄새 가득한 젊고 비좁은 공간
삶의 여정이 빼곡한 글씨로 엮여
마법을 건다

아 냄새 좋다

아버지

출근길에 문득
아버지 사랑으로 묶여있는 나를 본다
차창 밖은 온통
추억사진으로 펼쳐놓고 보라하신다
발자취 따라 스치는 바람은 가을을 재촉하고
내 마음은
아버지 살내음으로 젖었다
마지막 입맞춤에 까칠했던 턱수염이
비수처럼 꽂혀
눈물도 나지 않는 슬픔
아버지의 바다에
묵향으로 빚어진 난 한 송이

팔월로 가는 길

태풍에 밀려난 장맛비가 주춤거린다
팔월 끝자락이 발목 잡혀 진땀을 뺀다
상처의 땅을 비집고 나와 팔월이 몸을 부풀리고 있다

땡볕에 발바닥 델까 피신한
저 여우같은 늙은 구름 좀 보소

깜짝 선물

이른 새벽
꽃 한 송이를 겁없이 마셨다
사랑이 듬뿍 담긴
라떼
우유의 부드러움과 커피의 향이 만나
한 송이 꽃으로
에스프레소 곁에 앉은 선물이다
클래식을 즐겨듣는
그녀가
메조소프라노와 재즈 피아노의 만남을
네이트로 전송했다
우울한 날
닭살 돋게 진한 감동으로 귓가에 맴돌고 있다
특별한 날이 아니어도
깜짝깜짝
물어오는 안부가
행복한 선물이다

김밥사랑

그 집 김밥은 날 닮아 통통하다
속이 꽉 찬 그것들조차 날 닮았다
빛 고운 당근이랑
젊음 그대로 푸른 시금치
아삭아삭 풋풋한 오이 냄새
햄과 궁합 잘 맞는 계란 부침
짭쪼름한 단무지
김밥 속에 꽃이 피다
기본에서 벗어나 추가되는 것에 따라
이름도 제각각
치즈김밥 누드김밥 참치김밥 그냥김밥....
전쟁터의 재치만점 충무김밥
시간이 없어서
반찬이 없어서
대충 끼니 1호가 된 김밥
마케팅 열풍 속에 치솟는 몸값
그 집은 이 삼 천원
초고추장 콕 찍어 먹는 단골집은
오늘도 단돈 천원
뭉글뭉글
두루뭉실 복고풍이다

평 설

순수성이 빚어낸 삶의 탄성(彈性)
- 성진숙의 시세계

이재숙(시인. 문학평론가)

성진숙 시인은 순수한 성품 그대로가 그의 시이고, 그의 시가 일상생활인 시인이다. 시와 성품과 생활이 일체를 이루는 작가를 만나는 일은 흔치않다.
그의 작품들을 읽어나가며 필자의 가슴은 환희와 기쁨으로 꽉 차오르는 느낌을 감출 수 없었다.
필자는 성진숙이 지닌 삶에 대한 긍정적인 태도와 자연을 대할 때 분출되는 기쁨과 환희 그리고 자신만의 솔직한 순수 시어들에 놀라움을 금할 수 없다. 시인이 사용하는 시어들에는 그 어떠한 기교나 다중적 색채가 없다. 정감 넘치는 인간적 정서로 담백하면서도 흡인력이 뛰어난 작품들을 보여주고 있다. 이러한 시어들이 갖는 감각은 매우 참신하고 신선하다. 사물들을 끌어안는 내면의 시선 또한 그의 성품임으로 사유와 관조의 미는 매우 참신하다. 그 환한 아우라를 느끼며 필자는 유심히 그의 작품들을 읽어보았다. 도대

체 성진숙 시인의 이러한 순수 서정이 발현됨은 어디에 그 근원이 있는 것일까 첫 시집에서는 찾아내지 못했던 과제였었는데 필자는 비로소 알듯하여 기쁘게 시인의 작품들을 들여다보려 한다.

성 시인의 본질적 성품은 세상과의 친화와 긍정이다. 그의 시들을 읽어나갈 때 세상 속에서 같이 살아가는 공동체와의 관계는 불화나 비판이나 반항이 아니라 수용하고 합일하고 신중하다. 그래서 그의 시를 읽고 나면 한없는 안정감과 위안을 얻고 같이 기뻐하고 매사에 감사의 눈으로 감탄할 수 있게 된다.

요즘처럼 견디기 힘든 때도 없다. 세상은 오로지 강자 우선주의고 나와 너의 갈라치기와 경쟁의 소용돌이 속에 놓여있다. 어떤 경우이건 살짝 힘이 들고 때론 마음 상하고 길이 막혀도 다시 원래의 모습으로 돌아올 수 있는 그의 삶에 대한 탄성(彈性)은 감탄을 넘어 탄성을 지르고 싶게 만든다. 그래서 우리는 시 문학을 통해 위로받고 새 힘을 얻어 견디고자 하는지도 모른다.

성 시인이 갖는 순수서정은 노력으로만 얻어지는 것은 아니다. 물론 타고난 성품이라고 말하겠지만 필자는 시인의 시를 음미하면서 그의 커다란 삶의 무기가 되는 순수성의 근원을 알아낸 듯하다. 그것은 시인의 생활 속에 녹아있는 사랑의 힘이다. 이러한 사랑의 힘은 어디서 오는 걸까. 물론 사랑하는 사람들 즉 남편이나 아이들 그리고 부모님일 것이다. 시인의 사랑은 여기서 끝나지 않는다. 주변의 소소한 생활상과 길가에 피어난 들꽃 한송이, 예쁘지도 않고 뚱뚱한 다육이 한 포기에도 기뻐하고 감사하며 사랑한다고 고백하고 있다. 이러한 그의 내면을 거듭나게 하는 숨은 힘은 기도와 긍정이라고 생각한다. 많이 들어내지 않았지만 그의 종교적 단단함은 이러한 사랑의 힘을 갖게 하는 근원이라고 필자는 단언한다. 믿음의 마지막 단계는 순종이라 했다. 가족에 대한 무한한 사랑은 이에 해당한다. 나에게 주어진 일과 소소한 소유와 일상에 감사하고 주어진 과정과 결과에 순종하는 아름다움을 말한다.

유별스럽게도 사랑하는 꽃들은 시인에 의해 많은 작품들이 의인화 되어 흡사 이웃처럼 느껴지게 한다. 일상을 통한 일상시의 묘미를 감상하고 하나님과 가족에 대한 시인의 가장 아름다운 목소리를 들어보고자 한다.

*　　　*

성진숙 시인의 시세계가 가진 가장 큰 장점은 자연에서 우러나는 황토색 짙은 잔잔하고 쫀득함, 결코 과장 되지 않은 순수함으로 시인의 성품과 하나 되는 담백한 호흡이라고 본다.
가장 먼저 눈에 띄는 작품들은 의인화 된 꽃들의 이야기이다.
많은 꽃들의 일생은 오랫동안 시인들의 사랑받는 주제가 되었고 많은 예술품들의 대명사가 되어왔다. 시인의 꽃에 대한 사랑은 남다르다. 작품들을 살펴보면서 시인은 많은 꽃들을 가꾸고 돌보며 서로 이야기를 나누고 진정한 생명의 놀라움과 감탄을 교환하는 사이인 듯하다. 그래서일까 시인이 작품에 녹아있는 유독 꽃과 나무들에 대한 기민(機敏)함은 놀라울 뿐이다.
다음 작품들을 보자

꽃 마리
두해살이 들 꽃

지천으로 널려 살지만
아무나 볼 수 없는 꽃
봄날 꽃 잔치 무르익기도 전
내 눈엔 너만 보여
이렇게 예쁜 꽃이 또 있을까
키 작은 내게
작은 눈을 가진 나에게
행복을 주는 너는 선물이야
　　　　－「내 눈엔 너만 보여」 전문

몇 날 며칠을
풀고 싶은 얘기 보따리
어찌 참았을까
먼동 틀 때 터진 웃음
황금빛이야
별 사랑이야
종일토록 쏟아놓고
호박꽃이 말 했어
모두를 포용하고
사랑의 용기로
다시 태어날 거라고
　　　　－「호박꽃이 말 했어」 전문

　시인의 시들은 간결한 표현이 압권이다. 작품 전체를 장악하고 있는 의인법은 꽃은 이미 꽃이 아니다. 매우 간결한 문체의 시이지만 지천에 피어난 꽃들 중 '내 눈엔 너만 보여'라고 고백하는, 시인의 눈에만 보이는 꽃은 신의 선물이고 이른 새벽 웃음을 터트리는 황금빛 사랑은 우리 주변에서 흔히 보이는 호박꽃 여인이 아닐까. 이미 이 호박꽃은 주변에 오가는 평범한 사람들이며 필자이고 화자이고 모두를 포용하고 사랑의 용기를 갖은 독자들로 확장되고 있다. 이렇게 꽃이 의인화되어 시인과 같이 생각하고 번민하고 심지어 깊은 성찰로 이어져 읽는 독자로 하여금 너무도 경쾌하면서도 심오한 기쁨을 느끼게 해준다.

심지어 다음에 소개한 시에서는 이른 봄꽃을 이제 막 태어나서 배우지 않은 말로 여기 봄이 와 있지 않느냐고 묻고 있다 배우지 않은 말은 보통 사람들은 들을 수 없다. 시인만이 들을 수 있을 것이다. 절창이 아닐 수 없다.

해산하는 통증이 가빠오는 시간의 틈을 찢고
양수 터져 나오고
성급한 연초록 문 밖으로 머리부터 내밀었지
삐죽삐죽 비집고 나오면서 배우지 않은 말부터
지껄이는 거야
여기, 봄이 와 있지 않아?
　　　-「겨울과 봄 사이」 부분

시인의 작품에는 여행 시가 다수 있다. 일상이라 함은 여행하고, 꽃을 기르고, 친구를 만나고, 꿈을 꾸며, 부모님을 생각하고, 신과 교통하며, 이웃들을 보살피고 사랑하고, 나를 돌아보는 시간 시를 쓰는 일일 것이다.
시 「태왁꽃」에서 제주 바다엔/무시로 꽃이 핀다/바람 불면 바람꽃/노을 지면 노을 꽃/하늘마저 울다 웃으면 무지개꽃/이 꽃 저 꽃 다 예쁘지만/해녀 할망 물질할 때 태왁꽃/한도 많고 설음 많아 붉게 피는 꽃/꽃 중의 꽃이어라. 라고 맺고 있다. 필자도 꽃을 제법 안다고 생각했는데 제주 바다에 피는 바람꽃 노을꽃 무지개꽃 태왁꽃은 참으로 놀랍고 신선하다. 여행 중 해녀들의 물질을 보고 이렇게 시를 그릴 수 있을까 이렇게 요동치며 꽃이란 꽃을 다 피울 수 있을까

  성진숙 시인에게 시(詩)는 명사(名詞)가 아니다 형용사(形容詞)이거나 동사(動詞)인 듯하다
이어지는 여행 시는 더욱 시인의 감각을 잘 표현하고 있다.

굽이치는 골짜기마다 성큼 내려앉은
가을이 행복하다
찰랑이는 억새, 갈대숲을 밀쳐놓고
바람난 꽃들의 축제가 한창이다
꽃술에 취한 사람들이 또 추억에 취 한다
행여 꽃잎 떨어질까 기적을 울리지 않고
기차가 지나가는 마을
에워싼 등성이마다 톡톡 알밤 터지는 소리
가을날 북천에 가면
바람난 사람들 천지다
살랑 살랑 애교 떠는 꽃들이
사랑을 훔쳐가고.
              - 「북천의 가을」 전문

하도 작아서 평생 모르고 살 뻔 했는데
유명세를 그렇게 치루는 통에
바닷물보다 눈물이 더 많은 팽목항
그 많은 별들을 쏟아 붓고
잠이 오더냐고
밥이 먹히더냐고

바다는 변한 게 없었다
밀려왔다 밀려가는 파도의 속삭임 뿐
비와 함께 찾아온 팽목항
더 슬프다
빠른 속도로 항해하는 배 위에서
행여
울부짖는 그 소리 들릴까
자꾸만 바다 속을 들여다 본 다
무슨 일이냐고 반문하는 바다는
하얀 피만 토할 뿐
잔잔하다
지금 나는 조도로 가는 중이다
모두가 외면한 작은 섬 조도에
아름다운 사랑을 심으러 간다
　　　　　　－「팽목항에서」 전문

 여행을 왜 하느냐고 필자가 시인에게 물은 적이 있다. 대답은 명쾌했다. '집을 나서서 여기저기 돌아다니면 산천이 다 나의 정원 같아요. 사람들을 만나면 다 친구 같고요.' 필자는 속으로 깜짝 놀랐다. 내심 심오하고 거창한 여행론이 나올 줄 알았는데 역시 가장 순수한 서정을 지닌 시인은 다르구나. 그래서 여행지와 꽃이 어우러지고 여행지에 녹아있는 슬픈 역사나 기억을 떠올리나보다 팽목항에서 만난 울부짖는 소리를 마음으로 듣는 시인, 자꾸만 바다 속을 들여다 보니 바다는 하얀 피만 토하고 있다고 쓰는 시인. 시인은 조도로 가는 중이라 한다. 모두가 외면한 작은 섬 조도에 아름다운 사랑을 심으러 간다. 라고 쓰고 있다. 순수서정이 빚어내는 탄성이 가장 아름답게 다가오는 절창이 아닐 수 없다.

시인을 이야기 할 때 그의 각별한 가족사랑은 여러 사람들 간에 회자되곤 한다. 여행은 늘 부부가 나란히 떠난다거나 어머니에 대한 절절함과 아버지의 교육관을 이야기할 때 눈가가 젖어들곤 했다. 아버지를 향한 시 두 편을 소개한다.

검정 비닐봉지와 함께 출근
오늘은 봉지 가득 푸성귀가 담겨있다
상추 쑥갓 치커리 근대 부추
아마도 점심상은 쌈밥을 차려야 할 것 같다
　　　　　중략

출근길이면 반드시 거쳐 가는 우리 집
자판기 커피 한잔으로 사랑을 더하고
수지침 배우는 날이라며 마음이 발보다 앞서 가신다
택배가 왔다 서예대전입선 성대휴
자랑스러운 이름 석 자
딸이기에 앞서 훌륭한 제자가 되고 싶은 마음
아버지 사랑해요
　　　　－「아버지의 출근길」부분

내 마음은
아버지 살내음으로 젖었다
마지막 입맞춤에 까칠했던 턱수염이
비수처럼 꽂혀
눈물도 나지 않는 슬픔
아버지의 바다에
묵향으로 빚어진 난 한 송이
　　　　－「아버지」뒷부분

평설 | 사랑은 좋아하는 색깔로 다가와 나를 훔쳐가는거야

* *

 앞에서 필자는 성시인 내면을 거듭나게 하는 숨은 힘은 기도와 긍정이라고 말했다. 많이 들어내지 않았지만 그의 종교적 단단함은 이러한 사랑의 힘을 갖게 하는 근원이라고 피력한 바 있다. 종교는 신념이다. 어떻게 살 것이며 어떠한 결과를 가져와도 살아온 삶의 결과에 감사하고 기뻐하는 자세는 시인을 벗어나 모든 사람들에게 요구되는 덕목이 아닐까 생각하며 다음 시를 소개한다.

오늘 나는
주님의 살을 먹었습니다.
골고다 언덕 십자가에 달려
내 죄 때문에
찢기고 찢긴 주님의 살을

오늘 나는
주님의 피를 마셨습니다.
골고다 언덕 십자가에 달려
내 죄 때문에
한 방울 남김없이 쏟아 낸
주님의 피를

주님을 알게 된 그날부터
먹고 마신 주님이 피와 살
다 내려놓고 맞이한 오늘
주님과 난 하나가 되었습니다.
　　　－「성찬」 전문

 성찬식을 마치고 겸허한 마음으로 쓴 시다. 하나님과 하나

되는 삶은 어떤 삶일까. 「비우다」라는 시에서 날마다 비우는 연습을 한다/날마다 내려놓는 연습을 한다//채워진 것 없어도/쉴 새 없이 불거져 나오는 것들/형체도 무게도 없는 것이/뛰쳐나와 소리를 지른다//한줌 흙으로 빚어진 몸뚱이/덤으로 주신 생명/갈 때 빈손으로 가더라도/사는 동안 부려야 하는 욕심이/두고두고 감옥신세다//비우고 내려놓고/내려놓고 비우고/소유할 수 있는 건 행복과 자유/그리고 감사. 이렇게 끝나는 시를 나란히 읽어 내리며 결국 절대자 앞에 무릎을 꿇을 수밖에 없는 나약하지만 순수하고 욕심 없지만 욕심을 부려보는 우리의 이중적 삶, 결국은 모든 걸 내려놓고 감사하며 끝을 맺고 있는 절창이 아닐 수 없다.

　시인의 작품은 이렇게 독자를 무장해제 시키는 힘이 있다. 힘을 쏙 뺀 듯 자연스러이 흐르는 호흡 속에 읽는 독자들은 스스로 두꺼운 위선과 갈망 같은 무거운 갑옷을 벗어 던지는 즐거움을 느끼게 된다. 힘을 뺄수록 본디 모습에 더 가까워지는 놀라움을 느끼게 하는 작품들이다.

이 쯤 시 「도돌이표」를 소리 내어 읽으면 더욱 고조된 즐거움과 옛 우리의 순수감성을 뒤흔드는 오늘의 시단에 큰 이정표를 세워준 백석(白石)의 시가 아스라한 기억 속에서 소환되는 기적을 만날 수 있다

　먼저 성진숙시인의 시「도돌이표」 2연을 옮겨본다
눈을 감았다//방죽가 옆 외딴집 넓은 마당 꽃밭 큰 우물 헛간 사랑채 뒤안길 장독대 정은이네 승병이네 준이네 그리고 화장품아줌마 염소 토끼 거위 오리 누렁이 병아리 자두밭 감나무 산수유 정구지밭//예닐곱 살 소녀는 지금도 그 집에 살고 있다.

　백석의 시 「모닥불」의 2연을 옮겨본다. 재당도 초시도 門長늙은이도 더부살이 아이도 새사위도 갓사둔도 나그네

도 주인도 할아버지도 손자도 붓장시도 땜쟁이도 큰 개도 강아지도 모두 모닥불을 쪼인다. 이 모닥불은 어미아비 없는 서러운 아이로 불상하니도 몽둥발이가 된 슬픈 역사가 있다. 로 맺고 있다.

백석이 타닥타닥 타는 모닥불 주변에 이웃들 나그네 장사치들 심지어 모닥불을 쬐는 강아지까지 불러들여 노래하듯이, 성 시인은 자판을 두드리고 시간에 쫓겨 똑같은 일상을 되돌이표처럼 살고 있는 나이든 자신을 눈을 감고 옛 기억속의 동네와 마당과 이웃들과 염소 토끼들 까지 모두 불러들여 도돌이표처럼 그려내고 있다. 시 속에 그 예닐곱 살 소녀는 물론 성진숙 시인 자신임이 분명하다.

이래서 많은 사람들은 시를 읽고 행복해하며 시인들은 쉼 없이 시작(詩作)에 몰두하나보다

               *   *

 이제 성진숙 시인의 예사롭지 않은 일상시를 살펴보자. 잔잔하게 자신을 돌아보고 자연에 감탄하고 내면 깊숙이 자리 잡은 존재의 절대감과 자아를 풀어낸 작품들을 살펴보고자 한다.

미명
고요가 흔들립니다
기도 꽃이 꿈틀 거립니다
사랑의 물결이 파문을 일으킵니다
여명
기지개켜며 빛이 일어납니다
천상의 소리가 울려 퍼집니다

행복의 꽃망울이 터지기 시작 합니다
시인의 하루가 열렸습니다
기도 사랑 행복의 언어들이
빛 가운데 모여 재잘 거립니다
하늘로 들로 바다로
날개를 달고 날아갑니다
어둠이 내리면 노을처럼 다가와
감사의 언어를 쏟아냅니다
詩같은 하루입니다
　　　　- 「詩같은 하루 · 2」 전문

하프연주곡
꼭두새벽 나를 깨우는 연인이다
어둠을 깨우려면 더 기다려야 한다
이번엔 내가 자명종이 될 차례다
막둥이의 모닝콜이 되어야 하고
그이의 자명종도 나다
분명 소리 없는 전쟁의 초록 신호등
아침의 반란이다
아내의 자리에서
어미의 이름으로
내게 아침의 반란은 일상의 행복이다
　　　　- 「아침의 반란」 앞부분

　필자는 위 두편의 작품을 읽으며 내심 '인생이 이러면 다 이루지않았을까.'라는 생각을 지울 수 없다 「詩같은 하루 · 2」에서 고요가 흔들리면 기도 꽃이 꿈틀거리고 이어 사랑이 피어난단다. 기지개와 같이 빛이 일어나고 행복의 꽃망울이 터지기 시작하면 드디어 시인의 하루가 열린다고 쓰고 있다. 아침엔 기도가 꽃피는 신앙인으로서 언어와 기도가 동시에 터진다는 싯구는 절창이고 부럽기도하다. 더 이상의 서술은 사족이다. 「아침의 반란」에서의 시인은 아내로서도 어미로서도 하프연주곡을 연인으로 둔 시인으로도 완전을 이룬 듯하다.

필자가 성진숙 시인에게 매료된 것은 이러한 순수서정과 힘을 뺀듯한 쫀쫀한 힘과 무심한듯한 흡인력 있는 시어만은 아니다. 삶이 어디 그리 녹녹하던가. 신에 순종하고 가족과 이웃을 조건 없이 사랑하고 꽃처럼 피어나는 웃음 뒤에 퍼렇게 일렁이는 질문이 특이해서이다. 시인이 살아내는 오늘 시인이 두드리는 자신의 가슴 한 복판을 들여다보며 글을 마치려한다.

천 원짜리 지폐가 불티나게
거래를 성사 시킨다
인심 푹푹 쓰는
손놀림과 거친 목소리
세월 따라 늘어난 골 깊은 주름
어여들 가져가
파장이랑께

지나온 날보다 짧은 앞날
노을처럼 아름다운 황혼을 준비하다
문득
나이테를 새기지 않아도
유서처럼 남기고픈 말들이
조급하게 다가와

나도 파장이랑께
　　　　- 「파장」 전문

 장날 한복판에 서있는 시인 장날 한복판 손놀림과 거친 목소리/세월 따라 늘어난 골 깊은 주름. 이 두 행은 이건 살아온 지난 삶의 모습을 표현하고 있다. 지나온 날보다 짧은 앞날/노을처럼 아름다운 황혼을 준비하다. 이 연에서는 문득 시인 자신의 생도 파장이라고 고백하고 있다. 여느 글에서 이처럼 삶에 대해 무겁고 거친 호흡도 없으면서 힘 하나들이지 않고도 이렇게 인생파장을 이야기할 수 있을까. 아이러니하게도 이러한 유머스럽기까지한 독특한 호흡과 순수함이 성시인의 커다란 매력이다.

어·디·로 갈까
무·엇·을 타고 갈까
생각에 생각은 꼬리를 물고
기쁨의 촉수가 돋는다
여자·지갑·손전화만 챙기면 된다는
속된말에 동감하며
빈손으로 나섰다
지나온 세월만큼 힘들었던 삶의 무게
초고속 기차에 여정을 풀었다
허전 할 것 같았던 내 마음이
풍선처럼 날아 하늘 높이 더 높이
절반을 내려놓으니 기회가 왔다
눈빛으로 터트리는 고백이
처음 만난 그 때 보다 더 뜨거운 오늘
　　　- 「절반을 내려놓으니 기회가 왔다」 전문

성진숙시인의 시를 살펴보고 마지막의 시 한 편을 들어 올리니 첫 행부터 어·디·로 갈까 무·엇·을 타고 갈까 라고 또박또박 독백인 듯 화자가 독자에게 묻는 듯하다. 순간 살아온 생과 과정이 떠오르며 의미 확산으로 커다란 울림이 되는 것을 느낄 수 있다. 시인이 일찍이 많은 작업을 해온 여행과 욕심 없음과 밑으로 흐르는 유머스러움과 초고속 기차가 의미하는 생의 여정과 삶의 철학이 진하게 녹아들고 있다. 처음보다 더 뜨거운 오늘이 사랑일 수도 신앙일 수도 어떤 일의 또 다른 시작일 수도 있다. 아니 삶의 근원적 흐름일 수도 있을 것이다.

 성 시인의 앞날은 항상 처음 만난 그 때보다 더 뜨거운 오늘이 될 것이다. 시간은 언제나 오늘이고 내일도 오늘이 될 것이기 때문이다. 천지가 다 시인의 꽃이 피어나는 정원이고 삶 자체가 여행이며 항상 기뻐하며 감사하는 시인이 될 것이다. 필자는 시를 읽고 글을 쓰는 내내 행복했었다고 고백하며 글을 마치고자한다.

문학세계대표작가선 1055

사랑은 좋아하는 색깔로 다가와 나를 훔쳐가는거야

성진숙 제3시집

인쇄 1판 1쇄 2025년 8월 12일
발행 1판 1쇄 2025년 8월 26일

지 은 이 : 성진숙
펴 낸 이 : 김천우
펴 낸 곳 : 문학세계 출판부 / 도서출판 천우
등   록 : 1992. 2. 15. 제1-1307호
주   소 : 서울시 광진구 구의강변로 85 강우빌딩 7F
전   화 : 02)2298-7661
팩   스 : 02)2298-7665
http://cafe.naver.com/chunwu777
E-mail : cw7661@naver.com

ⓒ 성진숙, 2025.

값 25,000원

＊도서출판 천우와 저자의 서면 동의 없는 무단 전재 및 복제를 금합니다.
＊저자와의 협의에 따라 인지는 생략합니다.

ISBN 978-89-7954-962-1